法國作家A·紀德說過：「人人都有驚人的潛力，要相信自己的力量與青春，要不斷告訴自己：我就是命運的主宰。」
人千萬不能淪為被命運支配的傀儡，即使生活到了難以忍受的地步，只要你充滿信心與希望，終究會開創屬於自己的輝煌時光。
眼前的際遇不如己意的時候不要氣餒自卑，遭遇困難挫折的時候不要輕易放棄，要用樂觀開朗的心態開創自己的未來。
千萬別讓將來的你，埋怨現在缺乏信心、不願改變的自己！

你的自信，一定會替你帶來好運

REWRITING DESTINY BY FAITH

江映雪——編著

用**信心**改寫命運的智慧密碼

• 出版序 •

用信心改寫命運的智慧密碼

只要能夠打敗在內心告訴自己「不可能做到」的那個「自己」，那麼我們就會恍然發現，自己正在做以前做不到的事情。

法國作家A．紀德說過：「人人都有驚人的潛力，要相信自己的力量與青春，要不斷告訴自己：我就是命運的主宰。」

人不能淪爲被命運支配的傀儡，即使生活到了難以忍受的地步，只要充滿信心與希望，終究會開創屬於自己的輝煌時光。

眼前的際遇不如己意的時候不要氣餒自卑，遭遇困難挫折的時候不要輕易放棄，要用樂觀開朗的心態開創自己的未來。千萬別讓將來的你，埋怨現在缺乏信心、不願努力奮鬥的自己！

世界知名的歌壇巨星胡利奧．伊格萊西亞斯，如果不是因為樂觀、有勇氣、有堅強的意志，也許他還只是一個沒沒無名的殘疾人士。

一九六三年九月，在他二十歲生日前不久，胡利奧和三個朋友開車沿著近郊公路返回馬德里的家去，想不到汽車在一個轉彎處翻到了路邊田裡。

這次翻車事故之後，胡利奧開始感覺胸腔及兩肋不時會有銳利的刺痛感，嚴重的時候會渾身發抖，喘不過氣來。

胡利奧的父親是名醫生，他判斷這種狀況並不尋常，於是帶他到各個診所及醫院的求醫。X光攝影找不出病因，有的醫生診斷為神經受到擠壓，有的醫生則說完全是心理作用。

事實證明，這不是心理作用，他的體重減輕了，只剩下四十八公斤，到了後來甚至終日臥床不起。他弟弟卡洛斯回憶說：「我們眼看著一個精力充沛的運動員逐漸瘦弱下去。」

一九六四年一月的第一個星期，胡利奧的父親請了馬德里五位最有名的醫學專家，包括神經外科醫生，在他兒子的床前會診。

他含淚問道：「我兒子究竟得了什麼病？」

經過一個小時的診斷商討之後，馬內拉醫生宣佈他們的一致意見：毛病一定是出在脊椎裡。

當夜胡利奧的膀胱功能停止，那是癱瘓的最初徵兆。第二天早晨，他被送進醫院，檢查結果發現脊椎有一個腫瘤。醫生研判，是由於車禍受傷加速了腫瘤的成長，這個非癌性的腫瘤包住了第七節脊椎，導致癱瘓。

經過緊急手術割除之後，胡利歐出院返家休養，腰部以下仍不能動。這種病的康復前景不太樂觀，他可能在幾年後恢復少許活動力，也可能終生殘廢。

然而，這個青年擁有樂觀自信的決心，他依照神經外科醫生的指示，練習由腦部對著每一跟腳趾頭發出命令。他日夜不斷地輕聲說道：「動啊，該死的！」但沒有一個腳趾能動。他回憶說：「我就像在一艘快要沉沒的船上的報務員，不斷拍發沒有回音的電報。」

手術兩個月後，媽媽、爸爸和弟弟突然聽到胡利奧大叫：「大家都快來！」

他們跑到他房裡，見他欣喜若狂地指著腳，高興地說：「快看！」

他的腳趾輕輕地動著，一下、二下、三下……從那時候開始，胡利奧堅信他能夠完全康復。

但康復的進度很慢，運動起來也很吃力，有個護士知道他有時會感到懊喪，便送給他一把吉他，讓他彈吉他消遣。

他仰臥床上，兩臂的動作也不太協調，彈起來很不方便。但他把吉他柄對著天花板直放胸口，隨著撥動吉他弦，弦律使他暫時忘卻了焦急與煩惱。

他開始跟著節奏低哼曲子，然後羞怯地試著唱一兩句。他的歌聲很好聽，這讓他感到非常高興。

手術後四個月，胡利奧站在地板上，抓住公寓狹窄走道上裝置的把手，氣喘吁吁地努力練習舉步。

父親擔心他太過於吃力，頻頻勸他休息。他說：「爸爸，我必須練習。」

他做到了。經過九十分鐘的努力，胡利奧走出康復的第一步。他每天的目標是比前一天多走一步，而且他總能夠達成這個目標。

為了加強體力，他每天在走道中不斷爬行四到五個小時，夏天在他家的海濱別墅中，他拄著楊杖在沙灘上走，每天早晨又在地中海中游三、四個小時。到了那年秋季，他進步到已經可以使用手杖行走。又過了幾個月，他連手杖都不需要了，每天能夠步行達十公里。

胡利奧的身體狀況不斷進步，一九六八年春季他畢業於法學院，有意進入外交界。那時，音樂對他來說仍然只是消遣，他以自己長期孤獨地與癱瘓對抗的經歷，寫出他的第一首歌〈生命照常進行〉：

真朋友很少，得意時人都來頌揚，
失意時，你就知道，好朋友還在，別的全走了。

同年七月，胡利奧在西班牙最重要的流行歌曲比賽——西班牙民歌節中，懷著疑懼的心情出場，他唱出這首歌，榮膺冠軍。西班牙頓時少了一個外交人才，多了一名歌手。

這首歌在當時風行全國，也成為一部西班牙電影的片名。他擔任這部影片的主角，一躍成為電影明星。

胡利奧昔日的癱瘓都已經成為過去，沒有留下後遺症。他回憶往日的苦境，覺得自己因禍得福。「我在音樂方面取得的成就完全由於我曾經歷過的那次苦難。」後來的他身體健康，精神愉快，而且名利雙收。

美國名牧師弗列特．羅伯林說：「信念可以使人變強，懷疑會麻痺人的活力，一個人對自己的信念就是超強的力量。」

自信是一種神奇的征服力量，對自己充滿信心的人會帶來出意想不到的好運，扭轉眼前的困局，創造意想不到的奇蹟……

其實，我們最大的敵人，並不是外在的別人，而是那個每天跟自己朝夕相處的自己。只要我們能夠打敗每天在內心告訴自己「不可能做到」的那個「自己」，那麼我們就會恍然發現，自己正在做以前永遠也做不到的事情。

就像胡利奧，如果他不是一個樂觀積極、對自己充滿信心的人，如果他在得知癱瘓之後就決定放棄努力，他怎麼可能會有後來的成就？正是由於他戰勝了自己心中的恐懼與退卻，才能夠擁有後來的成功。

PART—1 相信自我，成功操之在手

人生最大的損失，莫過於失去自信。失去了自我，也就失去了自我的目標和信仰，最後成為一個毫無價值的人。

PART—2

除了自己，沒有人能打敗你

所謂的不可能，通常不過是源於對問題的情緒反應而已。任何人和任何事都無法打敗你，只要你不被自己打敗。

PART—3

相信獨特，展現自我本色

沒有必要順著別人定下的規則強迫自己追隨。因為每個人都是獨一無二的，任何人都沒有必要將自己改造成他人。

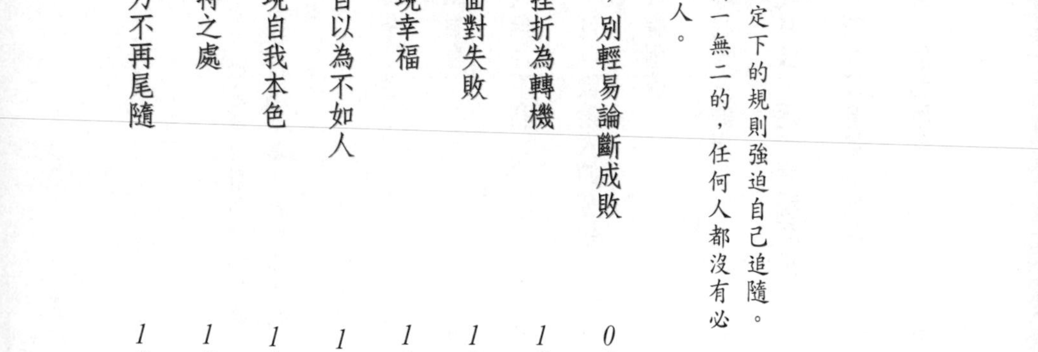

PART—4

心靈遙控器 掌握在自己手裡

心情的好壞是自己能夠決定的事情，我們隨時可以切換手中的遙控器，將心靈的視窗調整到快樂的頻道。

PART—5

心態消極，就會失敗到底

種種積極行動的累積，能夠造就偉大的成功；消極言行的堆疊，則足以讓人失敗到底。

PART—6

樂於忘記，才能向前邁進

「生氣是用別人的過錯來懲罰自己。」老是「念念不忘」別人的「壞處」，實際上最受其害的是自己的心靈。

PART—7

能力不夠，就要合作

人不是全能，所以要與人合作，只有善於與人合作，才能彌補自己的不足，讓合作的雙方都能從中受益。

PART——8

有情有義讓成功更容易

交情和義氣就是成功的資本，只要握有這些雄厚的資本，何必擔心成不了大事！

PART—9

誠實面對自己，才能得到勝利

當一個人做好一切準備，誠實面對自己，才有機會把一件事情做到盡善盡美。此時，才能得到真正的快樂，真正的成功。

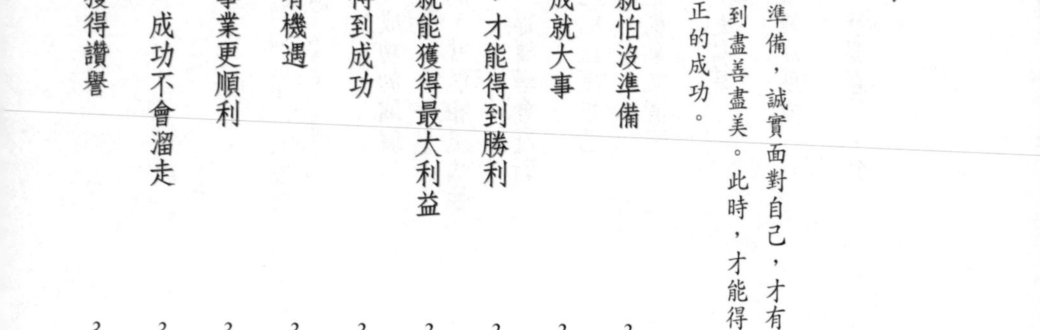

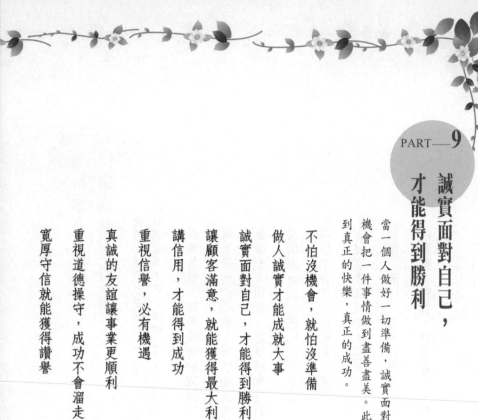

PART—10

信義兼備，為成功做好準備

古人在取信時，還會將「信義」並置考慮，並非把它們割裂開來。若不符合道義的準則，就不需強求自己必須許諾。

1.

相信自我，成功操之在手

人生最大的損失，莫過於失去自信。
失去了自我，也就失去了自我的目標和信仰，
最後成為一個毫無價值的人。

成功來自於充滿自信

每個人都有機會成功，只要肯定自己、相信自己，一定能夠如願以償。

美國著名的成功學家拿破崙．希爾鼓勵人們建立自信的方法是：在做事之前，大喊五十遍「我會成功，因為我有自信」，這樣就能夠獲得動力！

同樣的，想成就大事，在面對挫折時，也要有這種觀念和方法。

每個經歷挫折後取得成功的人都有一個共同的體會：信心產生力量，只要相信自己，即使追求的目標似乎遙不可及，但終有成功的一天。

信心是一種最堅強的內在力量，它能夠幫助你渡過最艱難困苦的時期，直到

最終出現曙光。信心從來不會令人失望，他會使人發現自身的價值和潛能，最終獲得成功。

任何一個成大事的人都擁有絕對的自信，至於那些碌碌無爲的人，只要偶爾遭遇一點挫折，就會心灰意冷，一蹶不振。

失敗的人之所以失敗，就是因爲他們不相信自己。

有一個墨西哥女人和丈夫、孩子一起移民到美國，當他們抵達德州邊界艾爾巴索城時，她的丈夫不告而別，留下她無助地面對兩個嗷嗷待哺的孩子。

二十二歲的她帶著孩子，饑寒交迫。她用口袋裡僅剩下幾塊錢，毅然地買下車票前往加州。她在一家墨西哥餐館打工，從半夜工作到早晨六點，收入只有幾塊錢。然而，她省吃儉用，努力儲蓄，她要將每一分錢都存下來，去實現自己的夢想——開一家墨西哥小吃店，專賣墨西哥肉餅。

有一天，她拿著辛苦攢下來的一筆錢，跑到銀行向經理申請貸款，她說：「我想買下一間房子，經營墨西哥小吃，如果你肯借給我幾千塊錢，那麼我的願望就能夠實現了。」

一個陌生的外地女人，沒有財產抵押，沒有擔保人，她自己也不知道能不能成功。但是幸運的是，銀行家佩服她的膽識，決定冒險資助。

她從二十五歲開始經營自己的墨西哥肉餅店，經過十五年的努力，這間小吃店擴展成為全美最大的墨西哥食品批發店。這個女人就是拉蒙娜·巴努宜洛斯，後來擔任過美國財政部長。

這是一份自信帶來的成功。自信使她白手起家尋求生路，自信使她有了膽量，自信也給她帶來聰明和智慧。

每個人都有機會成功，只要肯定自己、相信自己，一定能夠如願以償。

「會當水擊三千里，自信人生二百年」是一位偉人的抒懷，這也是一種自信，一種氣魄。一個人只要有成大事的自信，就能夠闖出一番天地，一個人的自信心有多大，就能成就多大的事業。

保持自信讓人更有勇氣

自信帶來勇氣和智慧，是成就大事的必備要素，也是一生中最寶貴的財富之一。

自信與勇氣密切相關，自信能夠產生勇氣，勇氣也可以生出自信。如果缺乏勇氣，或是過度自我批判，就會削弱自信，即使偉大的科學家也不例外。

猶太物理學家埃倫菲斯特具有非凡的評價和批判能力，因此一些偉大的物理學家常常徵詢他的意見，他經常應邀出席科學會議。但是，他也把這種嚴峻的批判用在自己身上。

這種過分的自我批判傾向，扼殺了這位科學家的才華，使他喪失了創造的才能，埃倫菲斯特最後竟然厭世自殺了。

中國知名物理學家楊振寧曾經談到科學家的膽識問題：「當你老了，你就會變得越來越小……因為你一旦有了新的想法，會馬上想到一堆永無止境的爭論將接踵而至，因此害怕前進。當你年輕力壯時，會到處尋求新的觀念，大膽面對挑戰，但年紀大了的人疲於奔波，疲於爭論。我常常問自己，是否已經失去了自己的膽魄？」

這些事例都從反面證明了沒有自信就沒有膽量，沒有膽量就會磨滅想像力和創造精神。所以，缺乏自信是創造和智慧最危險的敵人。

每個人都有某方面的不足，沒有人是十全十美的，無論是在生理上還是心理上都有著或多或少的缺陷。能否敢於正視自己的缺陷和不足，而且不被它削弱自信，就是強者和弱者的區別。

強者敢於正視自己的不完美之處，不為此感到自卑，相信自己一定能成功，弱者則恰恰相反。

美國總統羅斯福是個殘疾人士，那他是個強者還是弱者呢？

一九六二年，美國歷史學會集合了美國的歷史學家進行一項投票，選出五位最偉大的美國總統，佛蘭克林·德拉諾·羅斯福排名第三，僅居於亞伯拉罕·林肯和喬治·華盛頓之後，他也是美國歷史上唯一一位連任四屆、主持白宮時間最長的總統。羅斯福被認爲是能夠扭轉世界歷史的偉人之一。

關於他的國內政績，以及他在歷史上曾經發揮的作用，另一位偉人溫斯頓·邱吉爾說：「羅斯福是對世界歷史影響最大的一位美國人。」

最近數十年，由於美國國力的強盛和在國際事務中扮演的重要角色，數任美國總統或多或少要以「世界總統」自居，但如果沒有羅斯福，他們可能就不會有這樣的自信。然而，羅斯福的這種自信卻具有不同尋常的意義。

如果沒有這種自信，很難想像他會在三十九歲患上脊髓灰質炎（俗稱小兒麻痺症）之後，憑著頑強的毅力積極配合治療，終得倖免於全身癱瘓，更難想像他後來敢於拄著雙枴或坐著輪椅出現在一九三二年總統競選的講台上，並成爲美國歷史上唯一一位身罹殘疾的總統。

自信在羅斯福一生的成長和事業中起了重要的作用，在他第一次就職演說中，他針對當時美國社會的經濟大蕭條表示：「首先讓我們表明自己的堅定信念，唯一值得恐懼的東西就是不可名狀的、未經思考、毫無根據的恐懼，使得轉退為進所需的努力陷於癱瘓的恐懼。」

綜觀羅斯福的一生，我們可以肯定地說，他雖然身罹殘疾，但迄今為止的美國總統，遠不是每一位都能擁有像他一樣如此健康的心靈。

自信帶給強者勇氣和智慧，敢於做別人不敢做甚至不敢想的事；自信可以使一個坐在輪椅上的殘疾人與健康的同齡人並駕齊驅甚至超越健康人；自信可以使人有骨氣、挺起腰桿做人，面對強大的敵人時毫無懼色，並使敵人膽怯。

擁有自信，是成就大事的必備要素，也是一生中最寶貴的財富之一。

克服自卑才有成長的機會

自我貶低對一個人性格的培養具有極大的腐蝕作用，會打擊他的自信心，扼殺他的獨立精神，使他失去精神支柱。

不相信自己，就等於背叛了自己。

自信的力量是巨大的，是成大事者的法寶。

有人說，一個人的成就，絕不會比他的自信能達到得更高，這就提供給所有想要成大事的人一個準則和要求——在開始做事之前，要有充分的自信。

當杜邦在法拉格特將軍面前陳述自己未能攻陷賈斯特城的種種原因時，法拉格特將軍加上了一句：「此外，還有一個原因你沒有提到，那就是你不相信自己能完成那件事。」

一個連自己都不相信的人是不能做成大事的，只有領悟了信心的作用，透過不斷地努力，才能夠成就一番事業。

不要理睬別人的閒言碎語，把那些不看好你的無稽之談全都摒除，用行動來證明自己的能力，展現自己的魅力，給人良好的印象。

一個人留給周圍其他人的印象，往往取決於他的自我評價。那些非常有自信的人，周圍的人通常也會非常信任他，因為他做事充滿了自主性，雷厲風行，往往能夠成功。如果一個人給別人非常膽怯、從來不相信自己、無法獨立做出判斷、總是依賴別人提供意見的感覺，那麼他就無法得到人們的信任。

艾莉莉是來自美國紐澤西州的學生，也是她所在的小鎮裡唯一到哈佛讀書的人。在她準備啟程到哈佛前，當地的人都為她能考上哈佛而感到與有榮焉，她自己也慶幸能有這麼好的機遇。

但是，艾莉莉給自己過度的壓力，覺得自己越來越糟糕。

她在哈佛過得很辛苦，上課聽不懂，說話帶點腔調，更讓她受不了的是，許多人都知道的事，她卻一無所知，許多她認為重要的事，別人卻覺得好笑。她開始後悔自己到哈佛來。感到相當孤獨的艾茉莉，覺得自己是全哈佛最可悲的人，無奈之下，她尋求心理醫師的協助。

心理醫生對她做出以下的診斷：

她已跨入了個人成長的「新世紀」，但她對已經過去的「舊世紀」仍然戀戀不捨。她面臨的是鄉鎮文化與都市文化的衝突，她沒有想到，哈佛對她來說，不僅是知識探索的殿堂，也是文化融合的熔爐。

對於生活中的種種挑戰，她不是努力適應，而是縮在一角，驚恐地望著它們，哀嘆自己的無能與不幸，她對於能來哈佛唸書這個的輝煌成就已經麻木。她的只關注當前的困難與挫折，沒有信心去再造就另一次人生的輝煌，於是她抱殘守缺，不知道該如何改變。

她因為來自小地方，說話帶點土氣，做事總有一股傻勁，所以她認定周圍的人鄙視、嫌棄她。但其實是由於她的自卑，使周圍人無法接近她，幫助她。

總而言之，艾茉莉的問題核心就在於：她往日的心理平衡點被徹底打破了，她需要在哈佛大學建立新的心理平衡點。

為此，心理醫生實施的治療方法是——協助她找回自信心。

首先，他要艾茉莉看到在哈佛唸書的不適應是普遍現象，要她產生一種「還有許多人和自己一樣」的平衡感。再者，他要艾茉莉多參加活動，多與別人接觸，不要把自己關在自己的世界裡。

經過一連串的心理治療，艾茉莉在心中重新灑下自信的種子，她學會如何與人相處，並結交到許多知心的朋友，對於自己的學習有很大的幫助。

自我貶低的不良習慣，對一個人性格的培養具有極大的腐蝕作用，會打擊他的自信心，扼殺他的獨立精神，使他失去生活的精神支柱。

一個人沒有了自信，就會經常受到環境和他人的影響。只要能夠成功擺脫對於自身能力的懷疑，那麼無論什麼困難擺在面前，都會堅信自己一定能夠成功，最終也一定能成功。

自我懷疑，具有強大的破壞力

如果連自己都懷疑自己的能力，就沒有人會信任你，要堅信自己是為成就大事而生，發揮自己的才能，激發所有的潛力，去承擔重大的責任。

美國心理學家愛彌爾・庫耶說：「只要你充滿自信，即使是高聳入雲的群山，你也能將它們移走。相反的，一旦你自己退縮，即使是一小撮土堆，你也會把他看成萬仞高山。」

自我責備、自我貶低是我們所知最具破壞力的心態之一。

有些人經常以這樣的方式傷害自己，似乎總是要證明自己是個渺小的人、一個毫無價值的人，與別人相比，自己簡直一無是處。這種人不論到了哪個場合，總是坐在最後一排，或者想盡辦法逃離人們的視線。

在人的天性中，的確存在著這種弱點。但人們卻往往喜歡那些勇敢的人，他們昂首行走在人群中，精神自由，想法獨立，過著自己想過的生活。

一九九九年，一個中國籍二十二歲男子於大偉拿到了美國麻省理工大學博士學位，他在幾年前參加面試時，與後來的指導教授菲克博士激烈地辯論起來，兩個人都非常生氣，他們的爭吵聲傳遍了整個走廊。

「你那個實驗方案我馬上可以指出不下十個錯誤。」菲克博士大聲地說。

「這只代表這個方案不夠成熟，要是能接受我成為你的學生，我有自信把這個方案改得完美。」於大偉不客氣地說。

「我當時是這樣想的。」於大偉說：「我知道麻省已經不會錄取我了。」

但是，沒想到，秘書在宣佈錄取名單時，讀到了「中國的於大偉」。

菲克博士站了起來，當著眾人的面對他說：「我的孩子，我們爭論了一個小時，但我還是決定要錄取你。因為，我要你盡情地在我的支持下反對我的理論，如

果事實證明你是錯的，我將十分高興。如果你是對的，我將更加高興。」

於大偉深受感動，他終於可以如願以償，成為麻省理工大學的學生了。

愛默生說：「一個人不自欺，也將不被矇欺。」

擁有堅定自信的個性，就不會自欺欺人；能對自我做出積極、實事求是的評價，就能不斷塑造自我品格。

在生活中，不應無端地低估自己、鄙視自己。認可自己、忠實自己，是一個人最寶貴的品格。如果一個人在自己的內心沒有對自己完全肯定，那麼即使擁有金錢和地位，也沒有辦法得到眞正的快樂和滿足。

在我們心中應該懷有一種神聖的力量，激勵自己自由健康地發展。應該胸懷壯志、力求完善自我，而不是只顧著求取名利、滿足於財富的累積。

一個人只要持續不斷地進步，即使速度相當緩慢，生活仍然是向上、充滿希望的。但是，一旦不再進步了，不再朝著更高、更深、更強的方向發展，生活就會變得死氣沉沉、平庸至極。

永遠不要承認失敗和貧窮，堅信自己擁有神聖的權利，抬起頭來勇敢地面對世界，無論遭遇到任何困難都要堅定向前。

如果連自己都懷疑自己的能力，就沒有人會信任你，要堅信自己是爲成就大事而生，發揮自己的才能，激發所有的潛力，去承擔重大的責任。

自信是人生不竭的動力，它能幫助你戰勝自卑和恐懼。肯定自我、相信自己一定能夠成就大事，並且勇敢地去實行，自然就會成爲一個成功者。

充滿自信，推動自我前進

自信猶如汽油，推動人生之車開往卓越之境。成功的快樂，永遠只屬於那些擁有自信的人。

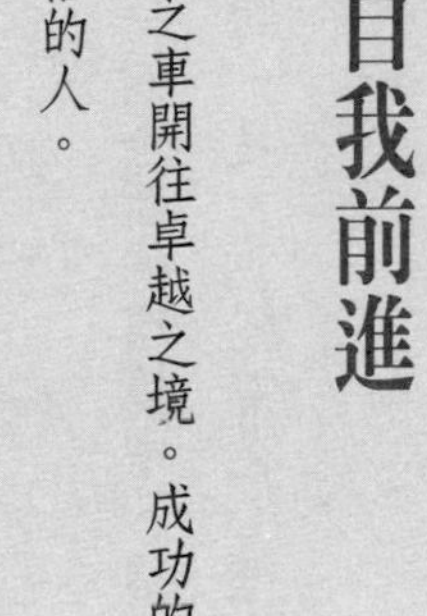

成大事者在自己人生的詞典上鐫刻著兩個字：自信。因爲，他們需要用自信的心態去面對各種困境。

在這個世上，人會碰到許多麻煩、悲傷與苦惱，自信的人會勇敢地面對這一切，盡力去克服，尋找一片屬於自己的天空。相反的，自認爲「醜小鴨」的人，由於悲觀失落，最終殘活在一片混沌的天地中。

只有養成了樂觀自信的好心態，才能使自己在事業之途的跋涉中，勇於面對

困難，並且成功戰勝它們，在人生的考驗面前，才能從容不迫，輕鬆應對。

遭遇困難的時候，要勇敢說一聲「我可以」。

小明的個性害羞、膽小又沒自信，每次老師或同學請他做什麼事情時，他總是不好意思地說：「不行不行，我不行。」

小明每次都想著下次一定要以一副嶄新的面貌出現在大家面前，但到了隔天，卻又總是恢復成老樣子。

小明總算明白了一個道理：「在熟悉的環境中要改變自己是不容易的，那需要很大的勇氣」。

當時，小明就是缺乏了這股勇氣，所以他以那種沒有自信的樣子一直持續到他高中畢業。

上了大學之後，小明到了一個全新的環境中，建立自信的勇氣與日俱增。他每天都面帶微笑，精神飽滿，衝勁十足，並經常在心裡為自己加油，告訴自己：「我可以！」

後來，系上成立了籃球隊，因為小明的個頭高，儘管他不太會打籃球，但也被選入球隊。從此，小明就努力向同學學習關於籃球的知識和技術，每天都抱著籃球到場上練習。

幾個月下來，小明從籃球的「門外漢」成為籃球隊主力。

北京大學教授吳福輝在考入北大之後，格外珍惜得來不易的機會，滿懷感激地踏上這條佈滿荊棘卻是自己鍾情已久的文學研究之路。

對於一個四十多歲才起步的研究者而言，他所承受的信心、學識、精力上的壓力可想而知，此中甘苦不足為外人道。想到自己已屆中年，他便有「一萬年太久，只爭朝夕」的衝動。然而，光有衝動是不夠的，內心根深柢固的空虛感，使他在初期也曾步履維艱。

但對於自我的超越，是一個研究者必備的基本素質，保持優勝的研究心理，比研究本身更重要。由「我怎麼趕得上別人」到「我不比別人差」，這種想法上的轉變，讓吳福輝身上的能量似乎有了新的釋放出口。

他的外表溫和，甚至有些柔弱，但他內在的倔強性格卻在此時得到了激發。

過去，他習慣於順從接納他人的觀點，如今，他卻經常提出自己的見解，這給他帶來前所未有的「獨立」。他天性豁達，現在更加小心地維護它，在眾多英才行列中奮爭佳績。

他常說：「我珍視健全的學術自信心。」

也正是這種自信讓他穩下陣腳，埋頭苦幹，終於打出一方天地，闖出一番不遜於同行的成績。

也正是緣於這種自信，才奠定了他獨特的學術風格、獨樹一幟的學術追求和學術理想。

美國前總統雷根一次在爲《成功》雜誌撰寫的一篇文章中說：「創業者若抱持著無比的信心，能夠締造一個美好的將來。」

誠然，一個人成長的環境往往會對他產生某種程度的影響，但這並不代表全部，只要稍微改變自己的想法，隨時就會有一條大道在你的面前延展。因此，必

須要學習適時糾正自己的想法與觀念。只要能夠改變自己的觀念和想法，你的立場和情況就會產生相當大的變化。

冷靜分析自己當下所處的狀況，並且細心列舉出自己的長處與短處，這樣一來就能夠發現自己過去不曾注意到的優點，就可以更加完善自我以成就大事。

世界上不知道有多少人講述過信心帶給人類的力量和影響，可是能夠領悟的人相對之下卻寥寥無幾。

成功者與失敗者的信念截然不同，你現在對自我評斷的信念往往就支配了你的未來。如果你相信「美妙」，未來就會過著「美妙」的日子；如果你自我設限，轉瞬之間那些限制就在眼前。所以，只要你相信這是事實，而且相信自己能夠實現，它就必會如你所願。

有些人雖然抱有熱情，但卻總是懷疑自己的能力或者對自己的期望不高，因而沒有爲願望付諸行動。但成功者不然，他們知道自己追求的是什麼，也有足夠的自信讓自己成功。

只有對自己充滿自信的人，才能有幸到達成功的彼岸。
因此，自信猶如汽油，推動人生之車開往卓越之境。
成功，永遠是美麗的。成功的快樂，永遠只屬於那些擁有自信的人。

相信自我，成功操之在手

人生最大的損失，莫過於失去自信。失去了自我，也就失去了自我的目標和信仰，最後成為一個毫無價值的人。

在人生的大舞台上，每個人都是主角，就看自己如何詮釋。成大事者一向對自己充滿自信，盡情地揮灑著人生的情韻。

如果一個人過高地評價他人，卻過低地評估自己，遇事不了解自己擁有的能力，越是如此，就越不相信自己；一旦不相信自己，就勢必要依賴他人，受他人的操控。

這樣一來，每失敗一次，自信心就會磨滅一次，久而久之，一切就會按照別人的意見行事，全盤操縱在別人手中，可悲的事情就會接踵而至。

小林擁有一間獨立的辦公室，這對他來說是一個非常優越條件，但是他總是管不好自己的鑰匙，不是弄丟了，就是忘了帶，或者鎖在辦公室裡。

於是，他靈機一動，在換鎖的時候多配了一副，放在隔壁的辦公室裡。就這樣過了一段日子，有一天他又忘了帶鑰匙，正好隔壁的人也出去辦事了，他只好再次換鎖。

這一次，他又多配了幾副鑰匙，每個同事的辦公室都放一把。他以為這下子總算沒事了，可是，事情卻發生了變化，有的時候，他的辦公室所有的人都進得去，只有他自己進不去。

小林在閒適的生活中放棄了自己的權利，讓別人的意志來決定自己的生活。在現實生活中，這樣的人實在不少。

失去了自我，也就失去了自我的目標和信仰，最後成爲一個毫無價值的人。

因爲，人生最大的損失，莫過於失去自信。

有一位畫家為了驗證自己的作品，把一幅最好的作品送到畫廊裡展出，並在畫作前放了一枝筆，附言：「觀賞者如果認為這幅畫有欠佳之處，請在畫上作記號。」結果畫面上標滿了記號，幾乎沒有一處不被指責。

過了幾天，這位畫家又畫了一幅同樣的畫送去展出，這次和上次不同，他讓每位觀賞者將他們最為欣賞的地方都標上記號。結果，畫面上又被塗滿了記號，原先被指責的地方，現在都換上了讚美的標記。

這則小故事除了表現出每個人不同的欣賞觀點之外，也顯示出這位畫家的自信心，才使得他沒有因爲受到別人的責備就放棄了畫筆，而是再次充滿自信面對現實，面對自己的作品。

自信而不自滿，願意聆聽意見但不被左右，執著但不偏執。

如果能以正確的觀點評價別人和看待自己，在任何情況下就都不會迷失自己，都會有完全的自信不受到他人操縱。

遇事要以正確的思維方式思考，不要完全相信你所聽到、看到的一切，也不要因爲他人的批評、鄙視而輕視自己。

充滿信心，就不怕自卑打擊

有方向感的信心，使我們每一個意念都充滿力量。戰勝自卑感，找回自信心，才能闖出一番事業。

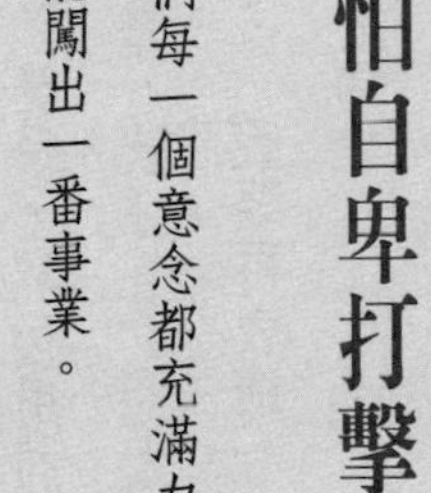

當你的同事在意想不到的時間內完成了意想不到的業績時，你是否會充滿敬意又略帶醋意地說：「眞想不到……你是怎麼做到的？」

「因爲我有信心，我知道自己可以。」同事堅定地說。

這樣的話經常在生活中聽到，但又有誰想過，這平平淡淡的幾個字，其中包含了多少感人的故事和成功的眞諦！

「我有信心」究竟是怎麼一回事？

先看一個非常諷刺的故事。

一位頂尖的雜技高手要表演一項相當具有挑戰性的節目，就是在兩座山之間的懸崖架上一條鋼絲，表演高空走鋼索。他走到懸在高空的鋼索一頭，張開雙臂，緩緩挪動著步伐，順利地走了過去。

人們為他的精彩表演歡呼。

「我要再表演一次，這次我要綁住我的雙手走回去，你們相信我能夠辦到嗎？」雜技高手對所有觀眾說。

人們都感到相當驚奇，因為走鋼索必須要靠雙手來平衡。但是，人們都想知道他是不是能夠成功，所以都說：「我們相信你，你能成功！」

雜技高手真的用繩子綁住了雙手，然後用同樣的方式又走了過去。

所有的人都報以熱烈的掌聲，歡呼著：「太棒了！」

這時雜技高手又對人們說：「我要再表演一次，這次我不僅綁住雙手還要把眼睛蒙上，你們相信我可以走過去嗎？」

所有的人都說：「我們相信你！你一定可以做到的！」

雜技高手從身上拿出一塊黑布蒙住眼睛，一步一步慢慢地摸索著鋼索，所有人都屏住呼吸為他捏了一把冷汗。

終於，他走過去了！

人們被這場精彩的表演震懾住了，但表演似乎還沒有結束，只見雜技高手從人群中找了一個孩子，然後對所有的人說：「這是我的兒子，我要把他放到我的肩膀上，同樣還是綁住雙手蒙住眼睛走到鋼索的另一邊，你們相信我嗎？」

所有人都說：「我們相信你！你一定可以走過去的！」

「真的相信我嗎？」雜技高手問道。

「相信你！真的相信你！」所有的人都說。

「那好，既然你們都相信我，那我把我的兒子放下來，換上你們的孩子，有誰願意的嗎？」雜技高手說。

這時，再也沒有人敢說相信了。

現實中，許多人說：「我相信自己，我是最棒的！」

當他們在喊這些口號時，他們是否眞的相信自己？他們會不會只要遇到一點困難，就忘掉剛才口口聲聲所喊的這句話呢？

有句話說：「天下無人不自卑，無論聖人賢人，富豪王者，或是貧農寒士，販夫走卒，在孩提時代的潛意識裡，都是充滿自卑感的。」但如果你想成就大事，就必須戰勝自卑感，找回自信心，才能闖出一番事業。

愛迪生曾經用過一千兩百種白熾燈燈絲的材料，都沒有成功。有人批評他：「你已經失敗了一千兩百次了。」

可是，愛迪生不這麼認爲，他充滿自信地說：「我的成功就在於發現了一千兩百種不適合做燈絲的材料。」

如果每個人遇事都能這麼想，採用這種積極的思考方式，就不會有那麼多煩惱和自卑。

十九世紀的思想家愛默生說：「相信自己『能』，便會攻無不克。」

成功學家拿破崙．希爾也說：「有方向感的信心，使我們每一個意念都充滿力量。當你有強大的自信心推動你的致富巨輪時，就能夠平步青雲，無止境地攀上成功之山。」

自卑感的存在和產生，並不是由於自己的能力或知識不如人，而是由於自己心裡存有不如人的心態和感受。

很多事情是不能拿來相提並論的，越比較就越會產生自卑。唯有相信自己，接受自己，遇到事情時才能掌握正確的思考方式，才能有自己獨到的見解，才能有一番成功的事業。

超越自卑，才能發揮優勢

不要讓自己成為一個「經常性的失敗者」，儘量利用自身的資源，發揮自己全部的優勢，戰勝自卑、超越自卑，達到成功。

一個人如果不用客觀的標準來衡量自己，而是主觀地認爲自己應該如何，就會慢慢地產生自卑的心理，受到很大的壓抑，此時，需要試著以「補償心理」面對這個問題。

「補償心理」是一種心理調適機制，因爲我們常常在適應社會的過程中產生些許偏差，爲了克服這種偏差，就需要從心理方面著手尋找撫慰與補償。

從心理學的角度看，可以把這種補償視爲一種「移位」，因爲人們常常爲了克服自身的生理或心理缺陷，努力發展自己的特長、優勢，使自己在其他方面超越常人。

事實上，正是如此才會造就許多成功的人士，如貝多芬、口足畫家等，他們都是克服了自身的缺陷，進而超越自卑，最終走向成功。

自卑感使人產生前進的動力，正由於自卑，人們才會注意到自己的不足、努力工作，並刻苦學習以補償不足，這都有助於你成爲一個努力不懈的人。

不過，必須要有堅強的性格，因爲那是你獲得成功的心理基礎。有堅強的性格才能清醒地認識自我價值，分清優勢、劣勢，重新爲自己定位，使自己從自卑的陷阱中爬出來，進而解救自己。

想要消除心理或生理上的自卑感，就必須善於利用其他長處，以此來補償自己不足之處。我們不妨先看看巴西球王球王比利的故事吧！

享有盛名的足球界王者比利昔日並非如此瀟灑、自信，當比利要加入巴西最有名氣的足球隊時，竟緊張得整夜無法入睡。

那裡有太多的優秀球員了，比利深怕自己去那裡會被當成戲弄的對象，或是缺乏先發上場的機會。

到了接受訓練的時候，教練讓他在第一場比賽就上場打主力中鋒。當他一站上場，緊張得雙腿都不知該往哪裡跑了，但是他很快就發現自己的長處，優異的技術使他在其他大牌球員面前也毫不遜色，他很快地找回自信。

從此他便了解到：「我是在踢球，不管對手是名人也好、木樁也罷，我都必須繞過他，射門，進球。」

想通這點之後，比利成功了，終於除卻了心中的恐懼，戰勝自卑。

由此可見，強者並非與生俱來的，也絕非沒有軟弱的時候，強者之所以強，是由於他能清楚地了解自己，客觀地評價自己，所以才能戰勝自卑。

由於每個人自卑的程度各異，因此，要克服和超越的程度也會不同，所成就的事業也就有所差異。

事實上，所謂的成就就是揚長避短、盡力而爲的結果，只要能做到這一點，即使沒有成功，也充分發揮了自己的才能。

另外，面對失敗比面對成功還要重要。人的發展過程中離不開成功，同樣也離不開失敗，失敗乃是成功之母。

應當如何面對失敗呢？

以下提出幾點建議，不妨參考看看：

- 不懈地追求自己的既定目標，永不放棄、永不言敗。
- 注意設定的目標是否可行，根據實際情況及時調整，再做嘗試。
- 用「局部成功」來激勵自己找回自信。
- 採用「自我調侃」、「自我解嘲」的心理勝利法。

想讓自己不要成爲一個「經常性的失敗者」，就要儘量利用自身的資源，發揮自己全部的優勢，戰勝自卑、超越自卑，進而達到成功。

除此之外，更要有面對失敗的心理準備，成功與失敗隨時會出現在眼前，所以必須學習坦然地面對它，提高自己的抗壓能力，使自己更能適應社會。

肯定自我價值，建立自信，從失敗中記取教訓，那麼成功就會離你越來越近，使你最終成爲一個成功者。

信心助人超越自我

在每個成功者背後，都有一股巨大的力量——信心，推動他不斷前進，激發人們無窮的熱情、精力和智慧，助人成就事業。

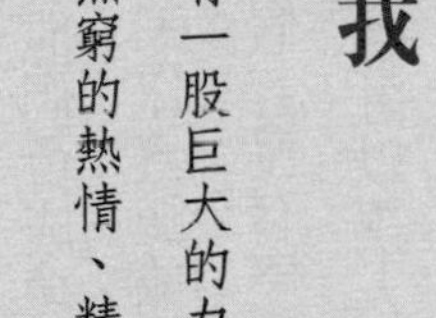

成功意味著獲得許多美好的事物，因此每個人都渴望自己能夠成功，都嚮往一切美好的事物。

但既然人人都渴望成功，爲什麼最後眞正達到成功頂峰的卻只有少數人而已呢？在成功這座山下徘徊的人，跟最後攀上頂峰的那些人，相較之下，究竟欠缺了什麼呢？

原因很簡單，成功的人就是那些擁有堅強信念的人，信念的堅定程度就決定了成功的機率。

人們總是把「信心」與「希望」結合起來。它們兩者之間的確有某種程度的關聯性，但僅僅靠「希望」無法移動一座山，更不可能實現目標，最重要的是要有信心，只要堅信自己會成功，就一定可以成功。

信心的威力沒有什麼神秘可言，它是這樣發揮作用的：「相信我真的能夠做到」的態度就能產生出能力、技巧與精力，而且每當你相信「我可以做到」時，自然也會想著「該怎麼做」。

在工作場合中，每個人都「期待」能爬上高層，享受隨之而來的成功果實，但大多數人都缺乏「信心」，在潛意識裡認為自己無法成功，所以自然無法獲得成功。但另一部分人眞的相信他們會成功，對自己很有信心，他們仔細研究成功人士的各種作爲、學習他們的工作方法並從中汲取經驗，最終獲得成功。

信心是成功的先決條件，假若沒有堅定的信心，成功便與他無緣。

信心不僅能夠使人致富，還可以讓人在政治上獲得巨大的成功，美國總統雷根就有幸成爲掌握這個秘訣的人。

雷根曾經是一名演員，但他立志要成為美國總統。他年輕時在演藝圈中度過，對政治完全是個門外漢，這是他步入政壇的最大障礙。

但當共和黨內的保守派鼓勵他競選州長時，他毅然地答應了，決心開闢出新的人生領域。

當然，信心只是一種自我激勵的力量，如果沒有透過自身的能力與努力，便難以讓希望變為現實。因此，自信並不是突發奇想，而應以知識、能力、膽識作為自信心的基礎。

雷根的自信心絕非夜郎自大，是這兩件事情促成他進軍美國政壇的信心：

一、當他受聘於通用電子公司時，為了做好節目而廣泛接觸各界名流，這讓他瞭解政壇和社會經濟狀況。這個節目最後大獲好評，大大增強了他的信心。

二、雷根的一位好友喬治・墨菲（一位知名演員）憑藉著他自身的魅力，擊敗老牌政治家塞林格當上加州議員，這更增強雷根涉足政壇的信心和決心。

雷根靠著自信的支持與自身的努力，不僅贏得了州長選舉，最後更成為美國史上著名的總統。

在雷根任內，他不但出擊格林納達、空襲利比亞，還利用前蘇聯經濟不斷衰敗的狀況，迫使戈巴契夫在美蘇冷戰期間簽訂了裁軍條約。

雷根的經歷正好說明了：信心的力量能在緊要關頭產生關鍵性的作用，要想獲得成功，就必須先擁有無堅不摧的信心。

信心對於立志成功的人而言有著極爲重要的意義。有人說，成功的慾望是造就財富的泉源，這種自我暗示和潛意識的激發會形成一種信心，轉化爲「積極的感情」，它會激發人們無窮的熱情、精力和智慧，助人成就事業，所以信心就像「一個人的建築工程師」。

在每個成功者的背後，都有一股巨大的力量──信心，支撐並推動他不斷前進。信心產生力量、信心創造奇蹟、信心是創立事業之本，如此一來便能不畏辛勞、勇往直前，能使你的人生大放異彩。

2.

除了自己，沒有人能打敗你

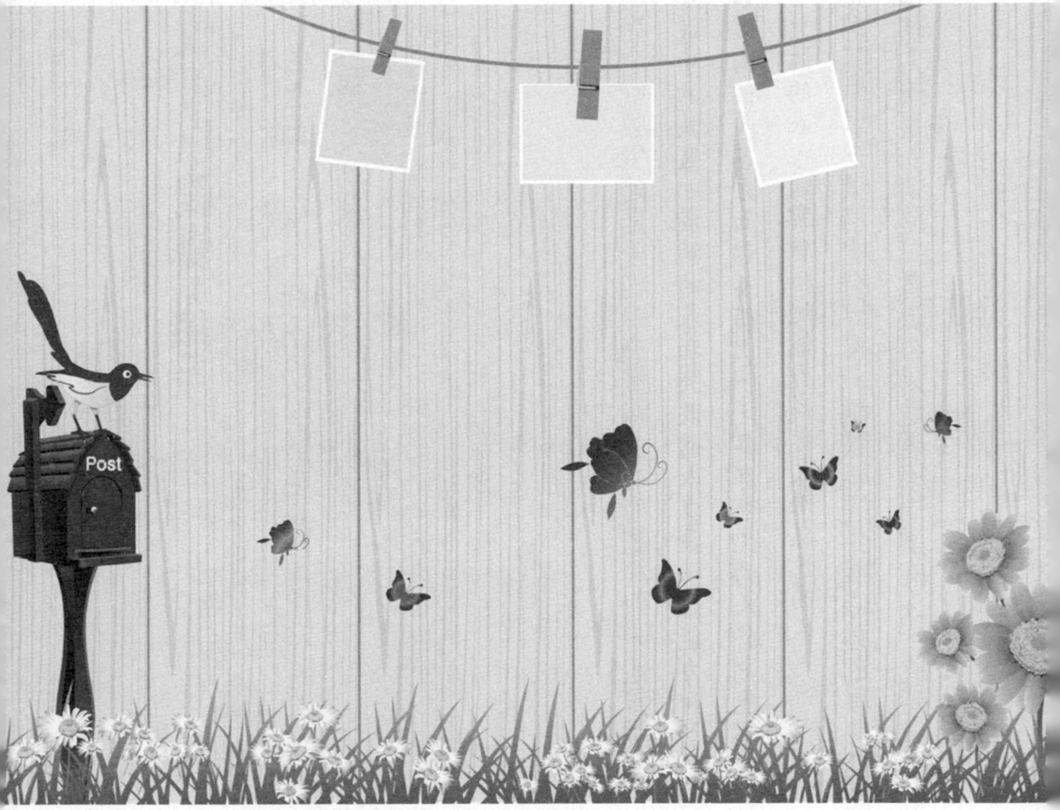

所謂的不可能，

通常不過是源於對問題的情緒反應而已。

任何人和任何事都無法打敗你，

只要你不被自己打敗。

充滿熱忱可以改變人生

熱忱可以改變一個人對他人、對工作以及對全世界的態度，
熱忱使得一個人更加喜愛人生。

佛瑞德瑞克·威廉生前是紐約中央鐵路公司前總經理，他曾說過：「越活，越確定熱忱是成功的訣竅。成功的人和失敗的人在技術、能力和智慧上的差別通常不明顯，如果兩個人各方面都不相上下，具有熱忱的人將更能得償所願。能力不足但是具有熱忱的人，通常會勝過能力高但欠缺熱忱的人。」

當一個人對某件事充滿熱忱的時候，在處理這件事時必定渾身熱血沸騰，滿懷衝勁。這樣熱力十足的情緒，會很容易地感染周遭的人，此時這個群體就能培

養出一種熱忱的態度。不論是個人、團體、公司還是社群，一旦培養出了熱忱，必然會產生積極的效應，然後快樂地迎接成功。

文斯．隆巴迪是美國足球史上著名的教練之一。在皮爾博士所寫的《熱忱——它能爲你做什麼？》一書中，有這樣一個故事：

隆巴迪到達綠灣的時候，面對的是一支屢受挫敗失去鬥志的球隊。他站在球員面前，靜靜地看著他們，過了一段很長的時間之後，他以沉靜但很有力量的聲音說：「各位，我們就要組合起一支偉大的球隊了，我們將所向無敵，聽明白了嗎？我們要學會阻擋，我們要學會奔跑，我們要學會攔截，我們要打敗和我們對抗的球隊，聽到了沒有？」

「如何完成任務呢？」他接著說：「你們要相信我，你們要熱愛我的方法。一切的秘訣就在這裡。從此以後，我要你們只想著三件事：你的家、你的宗教和綠灣包裝者隊，就按照這個次序，讓熱情貫穿你們全身！」

隊員們都聽得出神，在椅子上坐得挺直。

那一年他們贏得了七場勝利，球員都與去年相同，但是去年卻敗了十場。第二年，他們榮膺了區域冠軍，第三年又贏得了世界冠軍。

這樣的奇蹟是如何發生的呢？原因不僅在於球員的苦練，更因爲有了熱忱，才造成不同的結果。皮爾接下來又寫道：「發生在綠灣包裝者隊身上的成功，也可以發生在廚師、班級、國家或任何一個人身上。腦中想什麼，然後努力實踐，結果終能如願以償。一個人是否真的懷有滿腔熱忱，可以從他的眼神、勤快的行為中觀察出來，也可以從他的步伐中得知，還能夠從他全身散發出來的活力看出端倪。熱忱可以改變一個人對他人、對工作，甚至對全世界的態度，熱忱使得一個人更加喜愛人生。」

熱忱是無法假造的，它不存在於表面，而是產生於一個人的內心。爲自己制定一個目標，堅持不懈努力付出以達到這個目標，達到目標之後，接著訂出下一個目標，再盡力去完成。這麼做的理由，是爲自己帶來熱切的心與戰鬥的力量，得以維持熱忱而不會半途而廢。

改善行爲，跨越自卑

正視別人會告訴對方：我很誠實、光明正大，我說的話是真實的。用正視對方這種方式不但能增加自信，也能為你贏得信任。

既然了解了自信的重要性與超越自卑的必要，接下來，就該學習建立自信。或許你已經聽過許多建立自信的方法，不過不妨也試試以下這幾種方式：

• **搶前面的位子坐**

我們常常看到在開會、上課等各種眾人聚集的場合中，後面的位子往往最先被佔滿，而且大部分坐在後面的人都不希望引起別人的注意，這點就是缺乏自信心的表現。

相對的，強迫自己坐在前面的位子，將能夠幫助你建立自信。

●訓練正視對方

眼神能夠透露訊息，當某個人不敢正視你，你也許就會在心中暗自揣度：「他是怎麼了，是怕我嗎？還是他心裡有鬼？」

所以，無法正視別人就意味著：感到自卑、不如別人，或做了對不起別人的事。相反的，正視別人就等於告訴對方：我很誠實、光明正大，我說的話是眞實無疑的。

用正視對方這種方式不僅能增加自信，也能爲你贏得信任。

●把走路速度加快二十五%

觀察人們走路是一件有趣的事，而且它不像看電影必須要花錢，卻比看電影更具有啓發性。

不少心理學家認爲，懶散的姿勢、緩慢的步伐，往往是由於心中懷著不愉快的感受。因此，藉著加快走路的速度，就能改變這種心理狀態。

仔細觀察便能發現，那些受到打擊的人走起路來拖拖拉拉、沒有自信；胸有成竹的人走在街上便是昂首闊步，它告訴人們：「我是一位成功者。」

因此，加快二十五%的走路速度，就能夠使你的信心倍增。

•練習當眾說話

有些人無法發揮他們的特長去和別人討論問題，這並非代表他們不想，而是由於他們缺乏信心。

他們總認爲自己說的話毫無輕重，別人不會採納，或是擔心別人會說自己的意見太糟糕等等。他們總是在內心爲自己找各種藉口，結果就是不發一言，一味地聽別人發言、聽從別人的意見。

還有一另種人，他們心裡雖然總是想著：下一個就是我，我要發言。可是，當前者發言完畢時，他又退卻了，白白將機會拱手讓人。

積極發言需要具備自信，一旦有機會就要不惜一切代價抓住它。只要拿出信心勇敢說出來，如此經過一次又一次鍛鍊過後，自信就會不斷地增強。

●常常開懷大笑

許多人都清楚笑的力量，它是醫治信心不足的一劑良方，但是並非所有人都能做到，這是很可惜的一件事。

因爲，笑容不僅能治療自己的壞情緒，還能化解別人的敵意。試想，如果你對一個人誠心地微笑，他還會對你生氣嗎？

有個人的車在停車場裡被一個司機撞了一下，他從後照鏡中看到那個司機下車向他走來，他正準備要下車臭罵那名司機一頓，可是，那位司機卻微笑著對他說：「對不起！先生。」

他原本想和那位司機大吵一架，可是當時他脫口而出的卻是：「啊！沒關係，你也不是故意的。」

轉眼間，他的敵意就被那位司機的微笑化解了。

所以，要經常笑，甚至連牙齒都要露出來，這樣才會顯示出你的坦誠。雖然並不是每個人都能夠隨時隨地開懷大笑，不過不妨試著多多微笑，這不但能化解人與人之間的戾氣，還能爲自己培養自信，何樂而不爲呢？

以上這五點都是培養自信的好方法，雖然這五件事都是小事，不過只要能做到，就能從生活中的小地方逐漸培養自信心，也就能跨越自卑的障礙。

微笑的魅力讓人無往不利

微笑是人類溝通情感的共同方式，透過微微一笑，就能使氣氛變得輕鬆、和緩，也能安撫對方的情緒。

誠懇的微笑能夠讓人們和睦相處，同時也可以帶給人成功。

有人問卡內基爲什麼他的演講總是那麼精彩？

卡內基先向那人微笑了一下，才回答道：「那是因爲我恰當地使用了我的微笑。」

其實，戴爾·卡內基在授課的過程中，也曾碰到許多次尷尬的場面，但他最終總能利用微笑解決這些麻煩。

有一次，一個來自法國的年輕女學生用挑逗的話問卡內基：「親愛的老師，法國女生和美國女生比起來，你比較喜歡哪一種？」

面對這突如其來的問題，的確讓卡內基感到相當為難。如果卡內基回答前者，實在違背了自己真正的想法，但若是選擇後者，又可能傷了這位法國女學生的心，恐怕還會影響他之後的教學工作。

於是，卡內基向這位女學生微微一笑，迎著她挑逗的目光回答：「凡是喜歡我的女子，我都喜歡她！」

如此活潑又輕鬆的一句話，便將這位法國女士的濃情融於微笑當中。

卡內基不僅將微笑的藝術展現在課堂上，還將它融入生活當中。有一次，當他匆匆趕回家時，卻看見家裡坐著兩個怒氣沖沖的男子。卡內基覺得很納悶，便問他們為何不請而至。

其中一個男子開口說：「我依照你講授的方法去做，可是我卻失敗了！」

卡內基聽了先是微微一笑，才接著問說：「請問你學的是哪個課程？你又是怎麼實行的呢？」

看著卡內基的微笑，那名男子稍微放鬆了一些，接著告訴卡內基，他是卡內基的函授學生，學的課程是市場行銷，但他總是無法成功。

聽完那名男子的說明之後，卡內基耐心地問了相關細節，然後又詳盡地分析了他們失敗的原因。

後來，他們三人相談甚歡，直至午夜那兩名男子才離去。卡內基此刻才放鬆下來，靜靜地喝了杯酒，他又明白了一個道理：微笑的魅力不僅能消除尷尬，還可以鼓舞人、帶給人信心。

於是，他在當天的日記中寫道：「直到現在我才明白微笑的真正含義，它不僅可以為你帶來許多生活上的好處，還能夠讓你認識並體會到人們彼此之間相互信任的美妙。」

巧用微笑應付一些事情是件好事，微笑往往帶著神秘的色彩。你的微笑就是

一種無需用語言表述的回答，能讓對方由衷地感受到溫暖和親切。

此外，微笑還能委婉地迴避一些苛刻的問題、無聊的話題、不便透露的消息，因此許多知名人士或外交家在遇到這類問題時，多半都以微笑回應，使那些提問者不好再繼續追問下去。

微笑還是人類溝通情感的共同方式，它能幫你解決任何場合中尷尬的情況，透過微微一笑，就能使氣氛變得輕鬆、和緩，也能安撫對方的情緒。

所以，當戀人對你發火時，你不妨對他（她）微笑一下，這多半能撫平他（她）的怒氣。當你和朋友爲了一個問題相持不下時，也不妨試著微笑一下，顯示出你有多大的氣度。

微笑在生活中有著難以替代的作用，只要懂得微笑的藝術、善用微笑的魅力，必定會受益匪淺。

對事業的熱情，可以鞭策人們奮起

所有成功的秘訣都在於熱衷地工作——這是華德．迪士尼的信念。人非堅持夢想不可，人一定要有熱情。

熱忱不僅僅是成功的訣竅之一，更可以鞭策一個人從渾渾噩噩的生活中奮起做事。它是一種發自個人內心的力量，能幫助你聚精會神全心全意地去投入於某件事情當中。

一個憑著一股瘋狂的工作熱情而進升爲富豪的例子，就是人人皆知的卡通大王——華德．迪士尼。

華德·迪士尼創造了「米老鼠」及「唐老鴨」，一舉成為全美最知名的人物之一。不過，在此之前，他只是一位名不見經傳的小人物。

華德·迪士尼的名字也被收錄到《英國名人錄》當中，而且與世界第一流的人物並列出現，介紹他的文字內容，佔用的篇幅超過很多出名的政治家。

華德·迪士尼早年的生活十分貧困，而且工作上很不如意，但他最終憑藉無比的工作熱情，發揮他的繪畫天賦，終於成功創作出深受世人喜愛的卡通形象——米老鼠。

在這之後，他並未就此驕傲自滿，而是以更大的熱情全力投入電影的構思。與劇本部的共同協商之下，他僅用六十天的時間就創作出至今仍深受小朋友們喜愛的卡通影片〈三隻小豬〉，又一次取得了空前的成功。

據迪士尼自己說，該影片在電影院總共上映了七次之多，卡通影片的歷史上，這是從未有過的創舉。

拓展出這麼龐大的生意並不是一件容易的事情，他是怎麼做到的呢？迪士尼的說法是：「人非堅持夢想不可，人一定要有熱情。」

所有成功的秘訣都在於熱衷地工作——這是華德．迪士尼的信念。他認爲只是賺錢並沒有什麼樂趣，工作的過程才是他生活的樂趣與冒險。比起遊樂，工作令他發現更多的樂趣。

假如你有一顆熱忱的心，那麼你就會收穫奇蹟。

大凡成功人士，都是那些做得最多最好的人，他們必定都具有這種能力和特點。如果兩個人具有相同的才能，那麼其中更具熱情的那個人必定會取得更大的成就。

有一支波士頓的棒球隊，只有很少的支持觀眾，因為他們的經濟力量不足，表現也不盡理想。後來，這支球隊經歷了一場轉變命運的比賽，那是在密爾瓦基。那裡的居民有別於其他地方球迷的表現，對這支棒球隊表現出高度熱烈的歡迎，整個球場都坐滿了加油的觀眾。他們非常關心這支球隊，對球隊獲得勝利有充足的信心。

正由於他們對這支球隊的熱情、樂觀與信任，帶給球隊極大的鼓舞，不久就躍居聯賽的首位。

球員與教練都是原班人馬，他們並未求助外援，是球迷傳遞給他們的那股熱情，賦予球隊內部一股前所未有的力量，使他們因此發揮出從未有過的水準，爲球隊締造了奇蹟。

這些道理是人人都懂的，只是從未將它們正確和充分地利用罷了。

許多人對自己懷有自卑感，常常低估自己，失去信心，更缺乏熱情。每個人都應該具備自信，相信自己的能力、精力與忍耐力，相信自己擁有更大的潛在能量，有了這種信心之後，你才會熱愛自己，一步一步走向成功。

克服惰性才能擺脫困境

克服惰性是我們擺脫現狀最重要的課題之一。只要以積極的心態去思考，一定能夠掙脫心靈的「蜘蛛網」。

著名的遺傳學家阿蒙蘭·辛費特這樣說過：「在遼闊的宇宙中，絕對不會有一個人和你完全相同，即使是遙遠的將來也絕對不會再有一個你。」

我們每個人都是一個與眾不同的人，爲了捍衛自己生存的權利，在出生之前就已經進行了一場你死我活、適者生存的激烈爭鬥，角逐唯一的目標——卵子。爭奪的目標比針還細，精子本身也得在幾千倍的顯微鏡下才能看得到。人的一生中最早的，卻是最具有決定性的爭鬥就在這樣極其精微的狀況下展開。

那個最健壯、最活躍、最具有生命力的精子獲得最終的勝利，與那個最強壯的卵子結合，形成了微小的活細胞，一個生命便形成了。

此時，對於你來說，已經勝利了。

於是，你來到了這個世界上，面對一切挑戰。

你從尚未出生之時，就是一個勝利者，這之後的任何困難，任何挫折，與形成胚胎之戰所克服的困難比較起來，都是不值得一提的，因爲，對於生存的人而言，他的勝利是潛在的。

只要你有這樣一個堅定的信念，那麼你將熱情無限，永遠不會滿足現狀，將以一顆積極熱切的心對待自己和世界。

對於現狀的不安全感，能夠刺激你的成功和創造的慾望，能夠激發人由貧窮到富裕，由失敗到成功，由懦弱到勇敢，由畏縮到勝利，由衰弱到強壯。

幾乎每個人的心裡都有一張「蜘蛛網」，它會把我們的思想緊緊縛住，即使最有智慧的人也無法逃脫，這張「蜘蛛網」由消極的心態編織而成，我們的思想往往被這些蜘蛛網阻隔。

這些消極的心態有：消極的感覺、情慾、習慣、成見等等。其中，惰性是最強大，最厲害的。它會使一個人庸庸碌碌，不思進取，最終一事無成，或者明知方向錯誤，卻不能也不願抗拒與停止，只好一路錯到底。

因此，克服惰性是我們擺脫現狀最重要的課題之一。

人爲什麼貧窮？因爲他們安於現狀，習慣於貧窮，不願意啓發心智，改善困境，創造富裕的生活。所以，他們就一直貧窮，直到生命的盡頭。

由窮變富並不是不可能的事，歷史上有許多這樣的例子，關鍵在於啓發心靈對貧窮的不滿，並激發轉富的動力。

一隻昆蟲也許逃脫不了身陷蜘蛛網的厄運，但如果能勇敢掙扎一番，就有機會衝破羅網。人，本身就具有控制事件的能力，只要以積極的心態去思考，一定能夠掙脫心靈的「蜘蛛網」，包括惰性，並能確實地掌握自己的命運。

與自我面對，尋找自身的定位

把自己想像成什麼樣的人，就會依照那種人的方式行事。只要改變一個人的自我意識，在工作績效上會產生奇蹟般的變化。

所有的成功都開始於強烈的自我意識，對自己充滿信心。

心理學家說：「一切成就，一切財富，都來自於一個意念，即自我意識。」

自我意識是人們對自己的認識、評價和期望，即是對自己的心理體驗，也就是「我屬於哪種人」的自我觀念。

具體來說，自我意識包括個人對以下幾個問題的回答：

• 我是個什麼樣的人？

- 我有什麼樣的個性？
- 我有哪些優缺點？
- 我有什麼價值？
- 我是否有巨大的潛力？
- 我期望自己將來如何？
- 我達到什麼目標？

「我屬於哪種人」的自我觀念，是在對自身的認知和評價的基礎上建立起來的。一般來說，一個人的自我觀察都是根據自己從前的成功或失敗、他人的反應、自己與他人的比較意識、童年經歷等四個主要方面形成的。

一旦某種與自身有關的想法或信念融入這幅「自我肖像」中，它就會變成「眞實的」。此後，我們就很少會去懷疑其可靠性，只會根據它去活動，就像它的確是眞實的一樣。

著名心理學家馬爾茲說，人的潛意識就是一部「服務機制」，他說：「它是一個有確定目標的電腦系統。而人的自我意識，就好像電腦程式，直接影響著這個機制的運動和結果。」

假設你的自我意識是一個失敗的人，就會在自己內心的「螢光幕」上不斷看到一個垂頭喪氣、難擔重任的自我，接收的只是「我沒出息、毫無長進」之類消極的訊息，然後就會感受到沮喪、自卑、無奈與無能。

如此，在現實生活中的你就「註定」會失敗。

反過來說，如果你的自我意識是一個成功人士，就會在內心的「螢光幕」上不斷見到一個躊躇滿志、積極進取、勇於接受挫折和承受強大壓力的自我，聽到「我現在做得很好，以後還會更好」之類的鼓舞訊息，然後感受到喜悅、自尊、快慰與卓越，你在現實生活中便「註定」會成功。

自我意識的確立是非常重要的，正面或負面傾向都是你走向成功或失敗的指南針，人的所有行爲、感情、舉止，甚至是才能，始終與自我意識密切相關。

每個人把自己想像成什麼樣的人，就會依照那種人的方式行事。哪怕付出了最大限度的、有意識的努力，哪怕有再堅強的意志力，也很難扭轉這種行爲。

自我意識是一個「前提」，一個基礎。一個人的所有個性、行爲，甚至能力都建立在這個基礎之上，如果內心逃避成功，害怕成功，那麼面對機會或挑戰時，就有可能畏縮不前。

這樣一來，你就算不是一個失敗者，也會是一個平庸之輩，這是因爲已經有了失敗的自我意識。

所以，只要改變自我意識，相信自己能夠做得很好，相信自己能夠成爲一個成功的人，那麼無論是教師、商人或是學生、上班族……各個領域的人，在工作績效上會產生奇蹟般的變化，一步步邁向巔峰。

建立完善的自我肖像，逐步實現願望

完善自我意識的最佳做法是信任自己，不斷強化和肯定自我的價值，還必須恰如其分地、有創造性地表現自我。

許多人難以改變某種習慣或者生活方式，多半是由於他們通常將幾乎所有試圖改變的努力集中在行爲模式上，而不是自我意識的結構上。

許多人認爲心理諮商沒有多大的意義，因爲他們想要改變的是特定的環境，或者是特定習慣和性格缺陷，但他們卻從來沒有考慮過眞正需要改變的，是產生這些狀況的根源——自我意識。

普萊斯科特·雷奇是自我意識心理學的先驅，他對這個問題做了最早也是最具說服性的實驗。

雷奇認為個性是「一套思想體系」，思想與思想之間必須一致。與這個體系不一致的思想會受到牴觸或排斥，因而也無法引導人的行為，唯有與這個體系一致的想法才會被採納。

雷奇是一位教師，他透過數千位學生來驗證「自我意識」的理論。雷奇的自我意識理論認為：如果某位學生對某個學科的學習感到困難，可能是由於這位學生認為自己不適合學習這門學科。

不過，雷奇相信，如果改變學生的這種想法，那麼他對這門學科的態度就會相對發生變化，學習能力也會提升。

這種理論得到了有力的驗證。

一個學生在拼寫一百個單字中有五十五個出錯，而且很多課程都不及格，以致於留級一年。

然而，因為他改變了對於自我的認知，第二年各科平均成績高達九十一分，成

為全校拼寫能力最優秀的學生。

要想在未來有所成就，並完善對於自我的意識，就必須接受自己，並且擁有健全的自尊心。

完善自我意識的最好作法是信任自己，不斷強化和肯定自我的價值，還必須恰如其分地、有創造性地表現自我，不是將自我隱藏起來，必須與現實相適應，逐步且客觀地認清自己的長處和弱點，並且積極地對待這些長處和短處。

當自信心逐步完備而且穩固的時候，便會產生「良好」的感覺，會自在地做自己，自發地表現自己。

如果成爲一個遇事只會逃避、自我否定的人，就會把自己隱藏起來，不展現出自我，創造性的表現也就因此受到抑制，便會對眞實的內心波動強烈壓抑，無法與人正常相處。

內心眞正需要的是更豐富的人生、幸福、才幹、寧靜以及崇高的目標，這些都能夠從豐富的生活和積極的創造過程中得到體驗。

當你體驗到幸福、自信、成功的情感時，你就是在享受幸福的生活。

相反的，若是你壓抑自己的能力，浪費自己的天賦本能，使自己蒙受憂慮、恐懼，生活在自責和自我厭惡中，你就是在扼殺自己的生命力，就是在背棄自我發展和完善的道路。

「在心靈的眼睛前面長期且穩定地放置一幅自我肖像，就會與這幅肖像越來越相像。」哈利．愛默生．佛斯迪克博士這麼說：「如果將自己想像為失敗者，就使人無法取勝；反之，若是生動地把自己想像成勝利者，將帶來難以估量的成就。偉大的人生以心中的想像圖畫為開端，你希望帶來怎樣的成就，就做一個怎樣的人。」

必須珍惜自己，因爲沒有第二個你

在造物者的眼中，每一個人都獨特、珍貴，所以我們應該更加珍惜自己，愛護自己，相信自己。

積極的自我意識並不是與生俱來的，而是在長期的積極暗示中逐漸成形。要獲得積極的自我意識，先決條件就是要對自己有正確的評價和分析，一個人如果能發現自己的優點和缺點，在學習或工作中就會產生自信心，勇於行事，不會躊躇徘徊。

儘管積極自我意識的形成不是一兩天就能夠完成的，但在這其中還是有一定的規律可循。

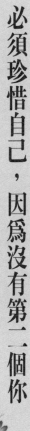

首先，必須比任何人還要愛自己。

印第安那州的一個婦女獲賠一百萬美元，因爲她使用的一種藥物損傷了她的視力。她曾用這種藥物來消除臉上的疙瘩，但藥物卻進入眼睛，使她喪失百分之九十八的視力。

在加利福尼亞州也有一個婦女獲得了一百萬美元的補償，那是因爲在一次飛機失事中，她的脊椎受了重傷，醫生說她再也不能走路了。

貝蒂．格萊相是第二次世界大戰時的美國小姐，她以「百萬美元的腿」聞名於世，她爲自己的雙腿投保一百萬美元。

如果你的視力及脊椎都正常，你會考慮和上面三位女士交換百萬美元嗎？若是你不願意用百萬美元交換眼睛、脊椎和腿，那麼你已經擁有三百萬美元。

比起那些女士，你是否覺得自己幸運許多？因爲無須以一項無法取代的資產，比如健康，來交換另一項資產，如金錢。

一份雜誌曾刊登荷蘭著名畫家林布蘭的一幅油畫，價值百萬美元。究竟是什麼原因，能使畫布上的油彩值這麼多錢？

顯然這是一幅獨具特色的油畫，是林布蘭罕見的親筆作品，因此價錢這麼高。其次，林布蘭是一位天才，這種天才每隔幾百年才會出現一個。

有史以來，至少有億萬人曾經存活在這個地球上，但從來未曾有過，也永遠不可能還有第二個你。你是地球上一個與眾不同的生物，正是這個特性賦予了你極大的價值。

創造林布蘭的造物者也同時創造了你。在他的眼中，每個人都與林布蘭一樣獨特，同樣珍貴。

所以我們應該更加珍惜自己，愛護自己，相信自己。

除了自己，沒有人能打敗你

所謂的不可能，通常不過是源於對問題的情緒反應而已。
任何人和任何事都無法打敗你，只要你不被自己打敗。

在做某種事情上，你可能會產生一種不可能、行不通的消極想法，這只表示你對該事物認識不深、經驗不足，或者是軟弱退卻，但絕不是你做不到。

發明大王愛迪生曾經說過：「假如我們做到了所有我們能做的事，那麼我們會使自己深感震驚。」

你曾使自己感到震驚嗎？

每個人都有不可限量的潛能，無論遇到什麼困難或危機，只要冷靜正確地思考，就會產生有效的行動，進而創造奇蹟。

歌劇明星卡羅素剛開始練唱的時候無法唱出高音，因此他的歌唱老師好幾次勸他放棄，但是，他仍舊堅持唱歌，最後他成功了，而且被公認為最世界上最偉大的男高音。

愛迪生在小時候被他的老師認為是個劣等生，在發明電燈的過程中，他曾先後失敗了上千次之多。

林肯的失敗也是出了名的，但是從沒有人會認為他是一個失敗者。

愛因斯坦也曾在考數學時不及格。

亨利．福特曾在四十歲時破產。

華德．迪士尼在成功以前曾破產七次，還有一度精神崩潰。

這些人的成功都是因爲他們堅持不懈、持續努力。

偉大的槍手跟平庸的槍手之間的主要差別，就在偉大的槍手從不因爲失敗而放棄，堅持繼續努力練習，但平庸的槍手一遇到不如意就半途而廢。

「失敗」是個殘酷的考驗，也是通往成功的必經關卡，無人能夠倖免。想要獲得成功，又怎麼能懼怕失敗呢？記住，失敗並不可恥，可恥的是，失敗後只會怨天尤人，不肯再度出發。

這只會使你的人生徹底失敗！

成功者與失敗者往往只有一個重要差別，那就是成功者有著堅忍不拔的毅力。認識到了這一點，你就不應再感到自卑，也無須仰視那些成功者，因爲他們也曾經失敗過。

你和他們一樣，一生下來就有同等的機遇、同等的成功權利，所以，具有積極的自我意識，是你應當具備的能力。

你應當相信自己的能力。

想要成爲堅強有才幹的人，想要成就一番事業，就要牢記這項成功準則：認為自己可以，就絕對可以！

大聲宣讀這項準則，並一再把它灌輸到你的觀念當中，把「不」字從你的人生字典中刪除，從生活中抹去，從心靈中剷除，談話中不提它，想法中排除它，態度中去掉它，不再爲它提供養份，不再爲它尋找市場，它應該用燦爛的「能夠」來取代。

如果你面對問題時受到「不可能」觀念的阻礙，你可以對所謂不可能的因素展開一次實事求是、客觀的研究，你將會得出這樣的結論：所謂的不可能，通常不過是自己源於對問題的情緒反應而已。

而且，你還會發現，只要以冷靜、理智的態度，運用智慧審視自己所涉及的一切，你一定能克服這些所謂的「不可能」。

我們能夠爲失敗找出成千上萬個理由，但應沒有一個是藉口。

任何人和任何事都無法打敗你，只要你不被自己打敗。

3.

相信獨特，展現自我本色

沒有必要順著別人定下的規則強迫自己追隨。

因為每個人都是獨一無二的，

任何人都沒有必要將自己改造成他人。

走到盡頭之前，別輕易論斷成敗

每個人都在人生的道路上艱難地跋涉著，沒有走到生命的盡頭，誰也無法判斷自己究竟是成功還是失敗。

英國作家愛德華・哈佛說過：「自信是會傳染的，它可以使頑石點頭、野獸溫馴。自信就是幸運的守護神。」

自信會帶來意想不到的好運，許多原本你覺得不可能成功的事，只要你充滿信心去做，困難就在「哇」的一聲中，神奇地消失了……

任何一位成大事的人在厄運來臨的時候，總是能夠抱持一顆平衡的心，不會因爲前面的路被堵死，就認爲再也無計可施。

成大事的人深信自己的力量能夠戰勝一切不幸，即使眼前無路可走，也會集蓄全部的力量，努力尋找另外一條生路。

美國南北戰爭後不久，在一個天寒地凍的天氣裡，一個流浪到麻塞諸塞州無家可歸的女子，敲響了韋伯斯特家的門。

韋伯斯特太太是個仁慈的老婦人，當她打開門時候，看到這個面色慘白、瘦得只剩皮包骨的流浪女子。女子自報名字叫薩娜，是從北方流浪過來的。

韋伯斯特太太雖然不認識她，但還是說：「何不就住在這裡呢？這偌大的房子就我一個人住。」

於是，薩娜留了下來，每天陪著韋伯斯特太太說話散心。

有一次，韋伯斯特太太的女兒來度假，知道了薩娜的事情後，把她趕出韋伯斯特太太的家，並罵她是個無賴。

那天外面正下著傾盆大雨，薩娜卻不得不離開，因為她不想讓人說她是個無賴。她在雨中愣了兩、三分鐘，便另尋棲身之所去了。

然而，誰又能想到以後發生的事情？這個被趕出來的流浪女子，後來成了思想界的重要人物。她的思想影響深遠，就像創造基督信仰療法的瑪莉·艾迪一樣，受到成千上萬信徒崇拜、追隨。

在薩娜的苦難之前，另一位女子瑪莉·艾迪的命運同樣坎坷多磨，她的生活是由疾病、怨恨、嗟嘆與悲傷組成。

瑪莉·艾迪的第一任丈夫在婚後不久便去世了，這多少帶給她精神上長遠的打擊。她的第二任丈夫拋棄她，和別人的妻子私奔了，最後死在救濟院。後來，瑪莉·艾迪病體纏身，在不得已之下放棄自己唯一的孩子。

在一個寒冷的早上，她走在麻塞諸塞州街上，一不小心滑倒在凍裂了的人行道上，頓時不省人事，脊椎骨也因強烈撞擊而痙攣。醫生無奈地告訴她，除非奇蹟出現，否則她將無法再次行走。

瑪莉·艾迪躺在床上靜靜地翻開《聖經》，在神的引導下，念起馬太福音中的

「人們將病者安排在床上，耶穌對病者說：『孩子，一定要堅強起來，你的罪已得到寬恕……起來吧！離開病榻，起來吧！』」

她被耶穌的話感動了，她的心中產生一股力量，藉著這種激奮的信仰力量，她幾乎跳躍般地了彈起來，離開病床走回家去。

瑪莉．艾迪說：「從這次經歷中，我發現如何讓自己恢復健康，以及幫助他人維持健康……所有關鍵都在於精神狀態，精神意志能夠左右一切，這在科學上能夠得到確切的印證。」

瑪莉．艾迪根據自己的親身體驗，對基督教信仰產生一種科學意義的詮釋，她發明了「基督教信仰療法」，成爲唯一的女性宗教創始人，信仰「基督教信仰療法」的人也遍佈全球。

每個人都在人生的道路上艱難地跋涉著，沒有走到生命的盡頭，誰也無法判斷自己究竟是成功還是失敗，所以我們在生命的任何階段都不能洩氣，都要懷抱著希望。只要心中充滿成功的希望，成功就不會離你而去。

汲取教訓，化挫折爲轉機

挫折或不利的變化不代表失敗，反而可能伴隨著同樣或較大的有利收穫。只要不放棄，就能夠迎來轉機。

我們所做的任何事情都具有許多個面向，有時候我們看到的只是其中一面。這個面向或許讓人感到痛苦，但痛苦卻往往可以轉化。

有一個成語「蚌病成珠」，意思是說，當蚌在傷口癒合時，傷處會出現一顆晶瑩的珍珠。

其實，我們的生活也是如此，和「蚌病成珠」的道理如此貼切，珍珠就在我們的痛苦中逐漸成長。任何不幸、失敗與損失，都可能成爲有利的因素。

造成失敗的原因不外乎主觀和客觀兩方面。有的失敗是由於我們自身能力有限所致，在這種情況下，我們就要好好反省，準備好下一次出擊。

享譽國際的知名演員劉若英第一次拍戲時，表現得非常不好，當時她緊張得連台詞也說不好，一連試了好機次都無法讓自己投入到角色當中。

劉若英心急如焚，不想讓自己的夢想就此破滅，於是積極地向前輩們討教，跟導演討論該如何把戲演好。再次正式拍攝時，她努力克服臨場緊張的毛病，試著展現用心學習的成果。終於，她在電影〈少女小漁〉中一鳴驚人，一舉奪得亞太影展后座。

挫折或不利的變化不代表失敗，反而可能伴隨著同樣或較大的有利收穫。只要不放棄，就能夠迎來轉機。

但有的時候，我們受到許多不由己的外在因素掌控，讓生活備加艱辛，就像下面這個例子。

有位少女天生雙目失明，生活中經常遇到許多不便之處，但她沒有為自己看不到這個美麗的世界而自怨自艾，要求自己像一個正常人一樣靠著付出勞動來維持自己的生活。

在一個漆黑的夜裡，她所居住的城市發生一場大地震。當時一片漆黑，驚慌失措的人們都跌跌撞撞地尋找出路，只有賣花女憑著自己多年在這座城市裡走街串巷賣花所熟悉的每一塊磚瓦，走出了那座受損的城市。

正是失明的雙目幫助了她，使她在這場不幸地震中生還。她不僅靠自己的觸覺和聽覺找到生路，而且還救了許多人。

人生有得便有失，有失便有得。成功的道路不止一條，如果這扇窗你實在推不開，那麼不妨試試另一扇窗。只要相信自己能夠成功，就一定能化危機爲轉機。

用積極的心態面對失敗

如果失敗已成定局，再怎麼悲傷也無濟於事，但只要以積極的態度面對，我們將能成為最幸福的人。

成就大事的人都懂得把握失敗之後的痛苦與失意，也能以正確的態度對待成功背後所隱藏的危機。

漫漫人生路，你會擁有鮮花，當然也會碰到荊棘。不要害怕失敗，只要能夠把十分之一或二的日子過好，那麼，其他的日子也就會慢慢變好，熬過來的苦日子也會泛出甜甜的滋味。

一個人只要在心態上找到了平衡的支點，就不會在挫折面前迷失自我，也不會在前行的過程中產生懈怠的心理；總能夠從生命中攫取道一些東西，讓自己透過生活中的痛苦，看到美好的那一面。

一位著名的男高音歌唱家，三十多歲的時候就已經非常出名，而且家有嬌妻、孩子，似乎上天對他份外恩寵。

一次演出結束後，歌唱家和他的妻子、兒子剛從劇場裡走出來，立刻被早已等在外頭的觀眾團團圍住。

人們興奮地與歌唱家攀談著，其中不乏讚美和羨慕之詞。有的人恭維歌唱家年紀輕輕就開始走紅，成為家喻戶曉的人物；有的人恭維歌唱家有個好家庭，妻子美麗大方，孩子是個活潑可愛、臉上總帶著微笑的男孩……

歌唱家認真地聽著這些熱心人們的讚美之詞，並沒有打斷他們的議論。等人們把話說完以後，他才和緩地說：「也許你們知道的只是其中一個面，還有一些事情你們不知道。被你們誇獎為活潑可愛、臉上總帶著微笑的這個小男孩，是個不會說話的啞巴，而且，他還有一個姐姐，是只能躺在床上的腦性麻痺患者。其實，你們誇大了我的成功，我也有不幸的一面。」

歌唱家的一席話使人們十分震驚，每個人面面相覷，都被這個事實嚇呆了，大家都很難接受這個事實。這時，歌唱家又說：「這一切恐怕只能說明一個道理，那就是上帝是非常公平的。」

在現實中，我們經常認爲別人的一切都是十全十美的，唯獨自己被上蒼遺棄了，不能事事順心滿意，因此，我們對於自己的不幸總是耿耿於懷，以致於無法看到他人成功背後的不幸與痛苦。

正如那位歌唱家所說，上帝對每個人都是公平的，沒有人能夠擁有十全十美的人生，總是會缺少某些東西。

有的人才貌雙全，感情路卻坎坷難行；有的人夫妻恩愛、月入數十萬元，卻患有不孕症；有的人家財萬貫，卻子孫不孝……

人生不可能過於圓滿，都會有幾道或大或小的缺口。了解每個生命都有欠缺，就不會再與他人做無謂的比較，反而更懂得珍惜自己所擁有的一切。

好好數數你本身擁有的東西，你就會發現自己擁有的其實很多。若是沒有承受苦難，我們就會過於驕傲；沒有歷經滄桑，我們就不會用心去安慰不幸的人。

當你體會到這一點，就不會爲自己欠缺的那一小部分而和別人做無謂的比較，反而會更加用心珍惜自己已經擁有的。

我們無法阻止不幸發生在自己身上，如果失敗已成定局，再怎麼怨天尤人、悲傷痛苦也無濟於事。但只要選擇以積極的態度面對失敗之後的不幸，那我們將能成爲最幸福的人。

不要再去羨慕別人，只要細細點數上蒼帶給自己的恩典，你就會發現生活中擁有的絕對比沒有的還要多。缺失的那一部分，雖然不可愛，卻也是生命的一部分，學著接受它、善待它、正視它，你的人生會更快樂豁達。

戰勝不幸的最好方法就是接受它，打敗自己內心的敵人，成功就會降臨。

換個角度，發現幸福

把不幸視為人生進入另一種美麗的契機，是另一種意義的豐富和充實。與其在幸福中痛苦，還不如在痛苦中找到幸福。

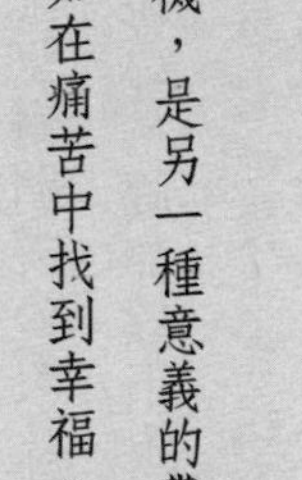

在我們的生活中，經常會碰到許多人埋怨自己的生活不如意、不順遂。其實，那些不幸應該以冷眼看待。

這麼做並不代表不幸會就此消失，但卻能夠使自己煩亂躁動的心寧靜下來，讓自己在比較中獲得一份心靈上的慰藉。

法國一位著名作家曾向他的讀者說：「這輩子我結交的達官顯貴不知道有多少，他們的功績都令人羨慕。但深究之後，其實每個人都有一本難念的經，甚至苦不堪言。」

米契爾是一個不幸的人。由於一次意外事故，燒壞了米契爾身上六十五%以上的皮膚，為此他動了十六次手術。手術之後，他無法拿叉子，無法撥電話，也無法一個人上廁所，簡直就成了一個不能做任何事的人。

但當過海軍陸戰隊員的米契爾從不認為他失去了希望，失去了快樂。他說：「我完全可以掌握自己人生之船的航向，我可以選擇要把目前的狀況視為倒退或是另一個起點。」

經過幾個月的治療，他又能開飛機了！他為自己重新籌劃了未來的生活，先在科羅拉多州買了一幢房子，接著和兩個朋友合資開一家公司，專門生產以木材為燃料的爐子，這家公司後來發展成佛蒙特州第二大私人公司。

可是，命運好像喜歡跟他開玩笑，在米契爾開辦公司後的第四年，他駕駛的飛機在起飛時摔落跑道，把他的脊椎骨壓得粉碎，腰部以下永遠癱瘓！

他抱怨道：「我不解的是為什麼這些事老是發生在我身上，我到底造了什麼孽？要遭到這樣的報應？」

但這件事同樣沒有把米契爾擊垮，他仍然選擇不屈不撓，絲毫不放棄希望，總是想辦法儘量自理生活。後來，他被選為科羅拉多州孤峰頂鎮的鎮長，致力於保護小鎮的美景及環境不遭受破壞，使其成為一個風景勝地。

米契爾後來憑藉著一句「不只是一張小白臉」的口號參加國會議員的競選，並將自己難看的臉轉化成一項有利的資產。

米契爾遭受到兩次打擊後，依然樂觀面對人生，並取得成功。雖然面貌駭人、行動不便，但他依然墜入愛河，並且完成終身大事，也拿到了公共行政碩士證書，並一直堅持他的飛行活動、環保運動及公共演說。

米契爾說：「我癱瘓之前可以做一萬件事，現在我只能做九千件，我可以把注意力放在我無法再做的一千件事上，或是把目光放在我還能做的九千件事上。我的人生曾遭受兩次重大挫折，如果我不把挫折視為放棄努力的藉口，你們也可以以一個新的角度，看待一些一直讓你們裹足不前的事情。不妨退一步，想開一點，然後你就會說：『那也沒什麼大不了的！』」。

戰國時期，道家學派的代表莊子，曾經用一個故事教育他的門生。

有一個叫支離疏的人，他長得非常怪異，臉部隱藏在肚臍下，肩膀比頭頂高，頸後的髮髻朝天，五臟的血管向上，兩條大腿和胸旁肋骨相併。

替人縫洗衣服，他足以生存下來；替人簸米篩糠，他足以養活十口人；政府徵兵時，他搖擺游離於其間；政府徵夫時，他因殘疾而免勞役；政府放賑救濟貧困時，他可以領到三斗米和十捆柴。

莊子最後的結論是：殘缺也許是福。

我們看到有些人表面上過得很幸福，但他未必快活；很多不幸的人，反倒能從不幸中發現幸福。

有一則格言是這麼說的：如果折斷了一條腿，你應該感謝上帝沒有折斷另一條腿；如果折斷了另一條腿，你就該感謝上帝沒有折斷脖子；如果折斷了脖子，你就沒有什麼好再擔憂的了。

所以，我們應該試著把不幸視為人生進入一種美麗的契機，是另一種意義的豐富和充實。

有才能，何必自以爲不如人

只要相信自己具有某方面的才能，又何必記掛著在某方面不如人？只要跨出勇敢的步伐，成功就不再遙不可及。

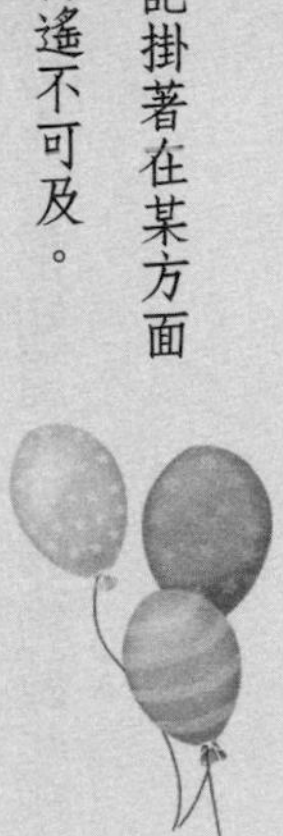

每個成大事者的成功，都是以刻苦與努力寫成的。在奮鬥的過程中，痛苦往往多過快樂，成大事者選擇快樂的事，放棄不順心的事，這也許就是一個人之所以成功的秘訣所在。

仔細分析，其實每個人都是成功的，只是表現的方式不同。

在你的生活圈中，總會有人不贊成你的某些想法。因此，你要明白，當你發表意見時，不能百分之百讓每個人都滿意，總是會面對一些反對意見。

明白了這個道理之後，當下次有人不同意你所說的某些事情時，就不需要覺得自己受到傷害或是受到侮辱，也不要立即改變自己的意見去迎合他人的想法，試圖贏得讚譽。

相反的，你應該提醒自己：沒有人能讓每個人都滿意。如果了解這一點，也就找到了把事情做好的理由。

有時候，你總是盡力完成每一件事情，卻往往得不到別人的認可；有時候，你在一個地方跌倒了無數次，卻仍然找不到目標，你感到很苦惱。

其實，與其越做越糟，不如灑脫地放棄。前面有更好的風景等著你去欣賞，何必為眼前的暗淡境遇延誤生命的美麗？

每完成一件事情的時候，都能夠使自己無愧於人，都知道自己能夠做些什麼，做好應該做的事情，就值得稱讚。

放棄那些不順心的事，讓自己找到幸福。

古希臘諺語說：「除了自己，沒有人能夠侮辱我們。」

艾莉諾．羅斯福也說：「未經你的同意，沒有人能使你感覺卑微。」

一個老神仙想要在大河上搭建一座橋，以方便人和動物通行，於是，他叫來所有動物一起建造這座橋。

大象用牠有力的鼻子把巨石推進河裡，獅子用強勁的爪子刨開泥土，犀牛把沙土頂到河中，鳥兒銜著小石子拋向河裡，猩猩把木頭拉進河裡，所有動物都樂意為造橋貢獻自己的力量。

在一旁看著大家忙碌工作的小松鼠急得團團轉，覺得自己實在太渺小了，沒有辦法和牠們一起工作。

後來牠總算想出一個好方法，牠在地上打滾，讓全身沾滿泥土，然後快速跑向河邊，把身上的土抖進水中，松鼠一次又一次重複這個動作。

老神仙看著小松鼠做的這一切，就誇獎牠說：「只要有心，即使一隻小小的松鼠也能有所成就。」

你是否覺得自己一無是處感到自卑？

「天生我才必有用」，即使你像松鼠一樣渺小，只要願意獻上自己的力量，就一定能為別人造福。

美國伊利諾斯大學的創始人本·伊利諾斯年輕的時候，有一段迷失自我的時期，總是羨慕那些成功的人，想像自己哪天也能成為他們的一份子。「但是，我現在沒有自己的房子，只有一輛破車，我還能幹什麼？怎麼做？」他經常會產生這樣的疑問。

本·伊利諾斯逐漸消沉，他在旅館抑鬱地讓時間流逝。

終於有一天，伊利諾斯清醒了，他要實現自己的夢想。因為，有一次他非常幸運地碰到美國汽車工業巨頭福特，福特對他的才能十分欣賞，他要幫助本·伊利諾斯實現自己的夢想。

經過八年的努力與福特的支持，本·伊利諾斯終於如願以償地創辦了著名的伊利諾斯大學。

「不要因爲不如別人而感到卑微」，你應該認識自己的不完美。即使是足球金童貝克漢，也不可能每次起腳都能破門得分；即使是籃球傳奇麥可．喬丹，投籃也不可能每次都成功；即使是華爾街目光最精準的股票投資專家巴菲特，買股票也有馬失前蹄的時候。

既然連最優秀的人做自己最擅長的事都無法盡善盡美，你又何必對自己過於苛求？只要相信自己具有某方面的才能，又何必記掛著在某方面不如人？

人貴在瞭解自己，根據自己的能力去做事，才會獲得眞心的喜悅。不論什麼時候，不必刻意要求自己，不要認爲自己踏出的步伐太小、太慢，重要的是每一步都能踏得穩。

其實，我們最大的敵人就是自己，只要相信自己的才能，跨出勇敢的步伐，成功就不再遙不可及。

相信獨特，展現自我本色

沒有必要順著別人定下的規則強迫自己追隨。因為每個人都是獨一無二的，任何人都沒有必要將自己改造成他人。

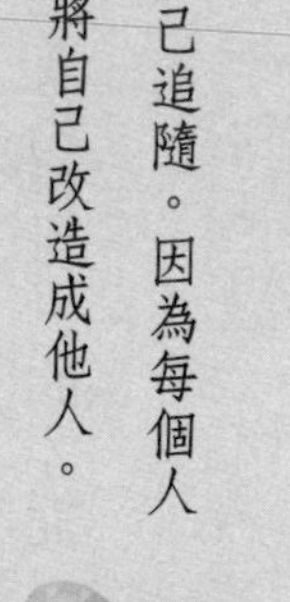

瞭解自己的人，才能成功；懂得滿足的人，才會快樂。

某位知名藝人談起對自己的看法時，曾經說道：「以前我很辛苦，因為我太在乎別人的感覺，太在乎其他人怎麼看我，所以，我時常去揣測別人怎麼想，我想做得面面俱到，因此，我過得很辛苦。現在，我學會了跟著感覺走，也能比較清楚地表達我的看法，我只是想活得比較輕鬆，不讓自己那麼辛苦。」

其實，只要對自己滿足，就沒有必要順著別人定下的規則強迫自己追隨。因

爲在這個世界上每個人都是獨一無二的，沒有必要將自己改造成他人。

在一本女性雜誌中，兩對情侶有如下的訪談內容：

A女：「我原本對自己很沒有自信，我覺得和我約會的男人，都是勉強接受我不出色的外型，直到遇到他。他能自在地接受我本來的樣子，讓我對自己信心倍增。我同時也學到，性感魅力其實和體型沒有什麼關係。」

A男：「在我的想像中，我一直覺得仙女應該是圓圓胖胖，身材豐滿的樣子，絕對不是食量很小、骨瘦如柴的女人。」

B女：「如果一個男人會對女朋友說：『我們來談談妳的體重問題吧！』那個男人肯定有問題！如果有人碰上這種男朋友，應該馬上把他甩了。」

B男：「她剛好是我夢中情人的樣子。」

以上這兩對情侶，和一般情侶不同的是：女朋友都是屬於「重量級」人物。時下最流行的減肥風潮，讓許多女人相信，瘦女人才能擁有幸福。事實上，幸福跟胖瘦沒有關係，就算瘦女人比較受到男人們的青睞，但也不代表一定能夠得到幸福。

有一個胖胖的女大學生，是個充滿自信且笑口常開的女孩子，只要有她在場，就會令人感覺氣氛輕鬆愉快。她是個多才多藝的女孩，尤其是她的廚藝。她的男朋友相當愛她，她的內涵已經豐富了她的外表。

現在許多人的通病就是不夠瞭解自己，只是一味地希望能夠獲得他人的掌聲和讚美，博取別人羨慕的眼光。

這樣的人，往往在不清楚自己的能力、興趣之前，便一頭栽進一個好高騖遠的目標裡，每天承受辛苦和疲憊的折磨，做什麼事都要求盡善盡美。久而久之，生活就成了負擔和苦悶，不再是充實和享受。

一個愛攀登的朋友講述他的一次經歷。

他說：「有一次我非常幸運地加入攀登珠穆朗瑪峰的活動，我做好一切準備，並且雄心萬丈，可是，當我達到七千六百公尺海拔高度時，我有點支持不住了，所

以我停了下來。」

當他講起這段經歷時，人們都會替他感到惋惜：為什麼不再堅持一下呢？再往上攀一點點，就能爬到頂峰了！

但是，他總是會說：「不，我很清楚，七千六百公尺已經是我的極限，我不會為此感到遺憾。」

正是因為他明智的抉擇，充分瞭解自己的能力，沒有勉強自己朝著超過自己極限的高度衝刺，所以才能平安歸來。

在追求成功的道路上，你也許會遭遇到幾乎將自己擊倒的困境。於是，你開始懷疑自己的能力，並且始終無法集中精力。

美國一位著名的演說家在演說一開始，手裡高舉著一張二十美金，面對會議室裡二百多名聽眾說：「我打算把二十美元送給你們中的一位，但在這之前，請准許我做一件事。」

他將鈔票揉成一團，然後問：「誰還要。」有人舉起手來。

他又說：「那麼，假如我這樣做又會怎麼樣呢？」

他把鈔票扔到地上，踏上一隻腳，用腳使勁地踩踏它。他撿起鈔票時，鈔票已經變得又髒又縐。「現在誰還要？」

還是有人舉起手來。

最後，這位演說家說：「朋友們，我的演講完畢了，我已經為大家上了一堂很有意義的課。無論我如何對待這張鈔票，你們還是想要它，因為它並沒有貶值，它依舊值二十美元。」

生活是美好的，無論發生什麼，或即將發生什麼，你永遠不會喪失自己存在的價值，只要擁有生命就擁有無價之寶。

每個人都是獨特的——永遠不要忘記這一點：唯有不懈的努力，才能找到通往成功之路。

看重自己的獨特之處

我們每個人都是獨一無二的，每個人都是造物主的傑作，而且，獨一無二的你一定會為這個世界做出獨一無二的貢獻。

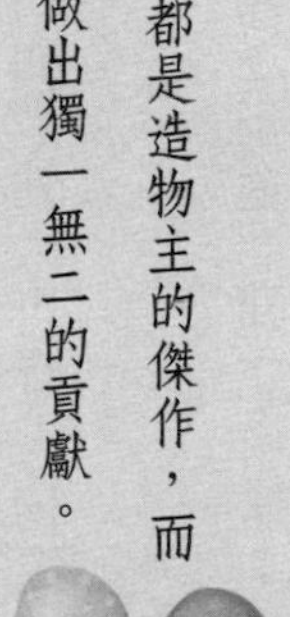

曾聽過一則故事：

幾年前的某一天，當一名教師在批閱學生的考卷時發現，一位成績本來很好的學生這次卻考得一塌糊塗，於是特意把他叫到辦公室來。當那位叫保羅的學生一進門，教師便發現他有些不對勁。

教師問保羅究竟是怎麼一回事，保羅很後悔地回答：「在你看到我作弊之後，我緊張死了，心情很難平靜下來，因此根本沒有心思再去答下面的題日。而且我知道如果校方知道這件事，我就會被退學。」

老師告訴保羅說他根本沒有看到他作弊，並問保羅作弊的原因，保羅告訴他是為了得到甲等的成績。

雖然老師沒有看到保羅在作弊，但保羅自己呢？他自以為老師發現他作弊，並且還擔心可能被退學，在這些複雜情緒的影響之下，他連一些很簡單的題目也答不出來了。

保羅爲何有這樣的想法呢？

心理學上說，當人做了不正當的行爲後，便會產生罪惡感，而且這種罪感很快就會在當事人身上表現出來。很多案件能夠偵破並不是因爲犯人留下蛛絲馬跡，而是他的罪惡感讓警方懷疑他的行爲，因而被列入可疑人物，進而仔細調查發現犯罪的事實。

「行爲正當」才能使你的良知獲得滿足，進而建立自信；「行爲脫軌」則會使人產生罪惡感，從而削弱人的自信心。因此，我們必須透過正當行爲去建立自

信，不要做越軌的行爲使自信受損。

此外，相信自己的獨特之處是建立自信的重要方法。每個人都是十分特別的，因爲在這個世界上的幾十億人中，再也找不到一個與自己相同的人，每個人都是獨一無二的。

曾有個教授做了這樣的實驗，他請八位自願的學生每人拿一個紙板，上面分別寫有：嬰兒、太空人、棒球選手、工友、歌星、醫生、律師、母親，然後請他們分別按照自己的想法把這八個人依照由重到輕的次序排列。

結果，每個人都把自己排在第一位，都說自己才是最重要的，只有那位扮演「工友」的學生不爭第一位。

實驗結束後，教授對學生們說：「我要你們依照重要性來排位置，其實只是個心理陷阱。所有存在的東西都有它的價值，因此你們每個人都是獨一無二的，沒有高低之分。」

然後，他又對扮演工友的那名學生說：「你也一樣是獨一無二的。沒有你們，世界就不會變成現在這個樣子。每個人、每件事物都有他自己的作用，你所發揮的就是你獨一無二的作用。」

的確，我們每個人都是獨一無二的，我們應當擁有這樣的自信，每個人都是造物主的傑作，而且獨一無二的你一定會爲這個世界做出獨一無二的貢獻。

輕鬆面對，壓力不再尾隨

人不是萬能的，不可能把一切不順心的事情都化為最理想的形式，關鍵就在於如何對待已經發生的事。

現實生活中，每個人都會遭遇到壓力，並且壓力無處不在。就算是成功者也有生活的壓力，其實，他們與那些爲了生存奔波的人同樣憂心忡忡。

誰不想事業有成又快樂地享受成就，可是又有多少人能夠眞正做到呢？

壓力幾乎如影隨形，任何人都躲避不了。

在職場上，有一種來自於你上司的壓力，也許你有個小氣的上司、不公平的上司、沒有領導能力的上司，或是個和他無法和平共處的上司，這種壓力就會把你的生活搞得如同菜市場一樣亂遭遭。

另一種壓力來自你的屬下，他們有的能力不足，有的反應遲鈍，更可怕的是不可靠、會出賣你的下屬。這種壓力也會讓你處於尷尬難堪的境地。

家裡正值經濟困難的時期，家人病了，孩子要上學，生活支出等等問題接踵而至，每天都忙得焦頭爛額，事情似乎永遠做不完，匆匆忙忙地上班，下班及時趕回家做飯，教導孩子學習，似乎永遠沒有放鬆和思考的時間。

有些人會喊出：「生活眞是太累了！」

其實，生活本身並不累，它只是依循著軌道、規律在運轉。說生活太累的人，其實是他自己活得太累了。

生活在這個世界上，我們必須爲衣、食、住、行奔忙，應付各式各樣的事情，與形形色色的人相處，但誰又能保證我們接觸的事都是好事，遇到的人都是好人呢？所以，生活中必然會遭遇到各種事情，有喜有悲，幸運之神會來光顧，不幸的事情也會降臨。

人同樣如此，有君子就有小人，有高尚之士就有卑鄙之徒。事物都是相對的，否則生活又怎能稱之爲生活？唯有各種事、各樣人揉合在一起，才能構成色彩斑斕的世界，也只有這樣的生活才眞正有滋味。

人只要在社會中生存，就一定存在著壓力，無論是學習上的壓力，還是來自工作的壓力，都會讓人精神緊張，但是又不得不去面對它，因爲這種事往往沒有選擇的餘地。

當長時間被緊張統治、折磨，你的工作效率就會開始下滑，並且嚴重影響你的個人生活，使你失去工作和生活的熱情。

因而，在生活中，面對各式各樣不合己意的事，與不與自己性格相符的人相處，你會採取什麼樣的態度呢？是坦然、磊落、輕鬆地對待，還是謹愼憂慮，抬頭怕頂破天，走路怕踩到螞蟻呢？

不要讓自己長期生活在緊張壓抑之中，不要讓自己的琴弦繃得太緊，別活得那麼累。必要的時候，放鬆一下自己，輕鬆地過日子。

人不是萬能的，不可能把一切不順心的事情都化爲最理想的形式，關鍵就在於如何對待已經發生的事。

我們都是壓力的創造者與承受者，同時也是壓力的去除者。

一個人如果能眞正了解自己遇到的不如意，只是生活的一部分，並且不以這些難題的存在與否，作爲衡量幸福的標準，那麼他便是最聰明的，也是最幸福和最自由的人。

林肯的書桌上總會擺著一本詼諧的書，每當他感到抑鬱煩悶的時候，便翻開來讀幾頁，不但可以解除煩悶，還能消除疲倦。這使他樂觀地對待生活，更使他的生活充滿自信。

生活是公平的，這個世界上沒有絕對的幸運兒，更沒有徹底的倒楣鬼。你有這樣的不幸，他也有那樣的事要煩；別人有那麼的好機會，你也會有另一種好運氣。所以，千萬別把自己想得那麼悲慘，更不要把自己困在自己織的網中，苦苦掙扎難以自拔。

4.

心靈遙控器掌握在自己手裡

心情的好壞是自己能夠決定的事情，
我們隨時可以切換手中的遙控器，
將心靈的視窗調整到快樂的頻道。

樂觀是最有價值的財富

要正確地對待財富，保持樂觀的想法和自信的態度，因為樂觀的心態就是一筆無形無價的財富。

世界上的財富除了金錢之外，樂觀自信也可說是一項財富。

對於成大事者而言，他們更注重把樂觀自信視爲無形無價的財富。因爲他們知道，只要抱持著樂觀的心態，面對再怎麼枯燥的工作、沉重的壓力，也能夠樂此不疲，繼續過著快樂的生活，何愁闖不出一番事業呢？

世界上大多數人都希望擁有財富，這也是當今許多人奮鬥的目標。財富幾乎成了一個人成功的標誌。

然而，如何看待財富，是我們生活中面臨的一個問題。

有的人衣食富足卻抑鬱不快，有的人雖然清貧，每日粗茶淡飯，卻過得幸福快樂。想要擁有成功、擁有財富，就不應該將財富只是狹隘地侷限於物質金錢層面，而是將這個概念擴大，讓樂觀自信也成爲一項寶貴的財富，這能在開創事業的過程中助你一臂之力。

與許多美國人一樣，富勒一直在為一個夢想奮鬥，就是從〇開始做起，累積大量的財富。

到了三十歲時，富勒已經賺到了百萬美元，擁有一幢豪宅，一間湖上木屋，兩千英畝的土地，以及快艇和豪華房車。但他雄心勃勃地想成為千萬富翁，而且他相信自己有這個本事。

不過，問題來了，他工作得很辛苦，經常感到胸痛，而且他也疏遠了妻子和兩個孩子。雖然他的財富不斷增加，他的身體和家庭卻岌岌可危。

一天，富勒的心臟病突然發作，而且他的妻子在這之前剛剛宣佈打算離開他。

他開始意識到自己對財富的追求已經毫無意義，因為他為此耗費了自己真正珍貴的東西。

他打電話給妻子要求見她一面，當他們見面時，兩個人熱淚滾滾。最後，富勒決定消除破壞他們生活的東西——他的物質財富。

他賣掉所有東西，包括公司、房子、遊艇，然後把所得捐給教堂、學校和慈善機構。他的朋友都認為他瘋了，但富勒卻從來沒有覺得自己比那時更清醒。

接下來，富勒和妻子開始投身於一樁偉大的事業——為美國和世界其他地方的貧民修建「人類家園」。

他們的想法非常單純：「每個在晚上困乏的人至少應該有一個簡單、體面，並且能支付得起的地方用來休息。」

富勒曾經的目標是擁有一千萬美元的家產，但現在他的目標是為一千萬人，甚至更多人建設家園。目前，「人類家園」已在世界各地建造了六萬多處房子，為大約三十萬人解決居住問題。

富勒曾爲財富所困，幾乎成爲財富的奴隸，差點被財富奪走他的妻子和健康。但現在，他是財富的主人，他和妻子放棄了財產，爲人類的幸福努力。從此，他擁有了自信樂觀的生活，並覺得自己是世界上最富有的人。

財富不僅限於金錢的範圍之內，還有金錢以外的其他東西。

巨大的財富若不分享，就沒有眞正的價值。不要追求顯赫的財富，而應追求合法獲得的財富，清醒地使用財富，愉快地施予財富，自信地離開財富。這才是我們應該學習的態度。

樂觀地對待生活，緊緊把握生活，但又不能握得太緊，鬆不開手。人生對於財富，應有一種能夠「捨」的態度，捨去了財富，得到的是用財富買不到的快樂。

我們應該正確地對待財富，保持樂觀的想法和自信的態度，因爲樂觀的心態就是一筆無形無價的財富。

笑對一切，樂觀生活

用微笑和樂觀的心態來面對人生，每一天都能快樂充實。樂觀的態度、開朗心態就是戰勝困難走向成功的法寶。

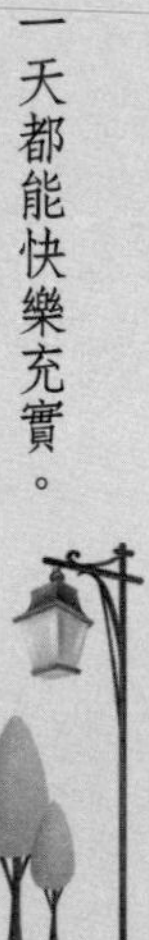

假如你的心情抑鬱，那麼請記住美國著名策劃專家喬治·凱的話：「用快樂的微笑打掃你抑鬱的心情吧！」

成大事者往往把「笑對人生，快樂生活」當作自己的座右銘，他們這種積極快樂、熱愛人生的態度，使他們的生活充滿生機與陽光。

有一個老先生，得了一種怪病，不時地感到頭痛、背痛、茶飯食之無味、精神

萎靡不振。他吃了很多藥都不管用，這天，聽說來了一位著名的中醫師，他立刻前去掛號看診。

這位名醫診斷一番之後，開了一張藥單，讓老先生依照藥單上的指示抓藥。老先生來到中藥鋪，遞上那張藥單。藥師接過一看，哈哈大笑說那方子是專治婦科病的，那位名醫開錯藥了吧。

老先生趕忙再去找醫生，醫生卻又離開到遠方就診去了，一個多月以後才能回來。老先生只好揣起方子回家。回家路上，他想起糊塗醫生開了糊塗藥方，自己竟然得了「月經失調」的婦女病，忍不住哈哈大笑了起來。

從那以後，每當想起這件事，老先生就忍不住搖頭苦笑。他把這事說給家人和朋友，大家也都忍不住朗聲大笑。

一個月後，老先生去找醫生，笑呵呵地告訴醫生那張藥方開錯了。醫生此時笑著表示，他是故意開錯的。老先生是肝氣鬱結，引起精神抑鬱及其他病症。那張藥方就是他為老先生開的「特效藥」。

老先生這才恍然大悟——這一個月，老先生只記得笑，什麼藥也沒吃，身體卻比以往硬朗，那些症狀也都很少發生了。

由此可見，開朗的心態對一個人有著多麼大的影響。它關係著我們的健康、心情、與他人的溝通、事業的成敗，以及生命的意義。

印度文豪泰戈爾曾說：「許多事情最好是一笑置之，不必用眼淚去沖洗。」

英國詩人雪萊說：「笑，是仁愛的表現、快樂的泉源、親近別人的橋樑。有了笑，人類的感情就溝通了。」

英國戲劇家莎士比亞說：「善說笑話的人，往往有先見之明。心裡最好常有快樂，如此就能防止百害，延長壽命。」

德國革命家李卜克內西說：「對付殘酷的貧困，唯一的辦法就是笑。誰要是因為貧窮而鬱鬱不樂，就是貧困已經把他抓住，並把他吞噬下去了。」

捷克民族英雄伏契克則說：「應該笑著面對生活，不管一切如何。」

開心地笑，不要使冰霜結在你的臉上。這是每個人都應該抱持的生活態度。

我們忙碌地生活在世界上，每天都承受著巨大的生存壓力：爲了維持自己和家庭的生活而努力、時時提防天災人禍的發生、面對著生老病死的困擾、與形形色色的人打交道……如果我們不懂得調節自己的心態，那麼苦惱、憂愁、煩躁、憤怒、痛苦等不良的情緒就會嚴重地損害我們的身體和精神。

最好的自我調適方法，就是笑，就是樂觀地生活，就是養成樂觀生活的好心態。笑對一切，樂觀生活，用微笑和樂觀的心態來面對人生，每一天都能過得快樂充實。它是是對人對己的寬容大度，是不計較得失的坦然心胸。

要快樂地生活，就要學會擺脫繁雜生活的束縛，一身輕鬆，心情才會更好。樂觀的態度就是戰勝困難走向成功的法寶。

古人曾說：「世味濃，不求忙而忙自至。」所謂「世味」，就是塵世生活中爲許多人所追求的物質享受、爲人欣羨的社會地位、顯赫的名聲等等。許多年輕人追求的「時髦」、「新潮」、「時尚」、「流行」，也是一種「世味」，其中的內涵說穿了，也不離物質享受和對上流社會地位的尊崇。

這種「世味」一濃，人就會像被鞭子抽打的陀螺，或是拼命工作，或是投機鑽營、應酬、奔波、操心、算計……這種日子過久了，你就會發現自己很難再有輕鬆躺在床上讀書的時間，也很難再有與三五好友坐在一起聊天八卦的閒暇。你忙得忽略了自己孩子的生日，忙得很難陪父母敘家常……

只有簡單，才能快樂。不奢求華屋美廈，不垂涎山珍海味，不盲目追隨流行，過著簡單自在的生活，過著，外在的財富也許不如人，但內心充實富有的生活。

這種自然的生活，既有著工作的樂趣，也有與家人共享天倫的溫馨、自由活動的閒暇。哪裡還需要忙裡偷閒？

一位學者說：「既然不過是個◯，就不應有太多與生俱來的負擔。從這個世界上已經意外地得到這麼多，我還需要在意那失去的很小一部分嗎？」

要想成就一番事業，整日愁眉苦臉是無濟於事的，只有養成樂觀自信的好心態，笑對一切困難並且戰勝它們，才能走向成功之路。

用自信將劣勢化爲優勢

樂觀、自信、懷有理想的人生，是充實而富有的，抱持這種好心態，才能在事業發展中增加許多動力來源。

法國文豪羅曼羅蘭曾經這麼說：「在這個世界上，最渺小的人和最強大的人，其實擁有同樣的力量，兩者的差別只是在於相不相信自己。」

自信創造出的奇蹟無所不在，想成功，就要充滿「別人能，我也一定可以」的信心。

成功屬於願意成功的人。成功有明確的方向和目的，但如果自己不行動，上帝也幫不了你。

以前美國NBA夏洛特黃蜂隊中有一位身高僅一．六公尺的運動員，他就是蒂尼．柏格斯——NBA最矮的球星。

柏格斯這麼矮，如何能在巨人如林的籃球場上競技，並且躋身大名鼎鼎的NBA球星之列？

最主要的原因就在於柏格斯有攻克一切困難的樂觀心態。

柏格斯從小就喜愛籃球，但由於長得矮小，夥伴們都瞧不起他。有一天，他很傷心地問媽媽，「媽媽，我還能長高嗎？」

媽媽鼓勵他說：「孩子，你一定能長高，長得很高很高，一定會成為人人都知道的大球星。」

從此，柏格斯就一直努力朝著夢想前進。

「業餘球星」的生活即將結束，雖然他的個子還是那麼矮，但柏格斯下定決定要靠自己一．六公尺的身高闖天下。別人說他矮反而成了他的動力，柏格斯偏要證明矮個子也能做大事情。

在威克・福萊斯特大學和華盛頓子彈隊的比賽場上，人們看到柏格斯的能力，從下方傳的球百分之九十都會被他攔截，他就憑藉自己個子矮小的優勢飛速地運球過人。

後來，柏格斯進入當時名列ＮＢＡ第三的夏洛特黃蜂隊，一份雜誌專門為他撰文說：「夏洛特黃蜂隊的成功在於柏格斯的矮」，文章當中說他發揮了矮個子重心低的特長，成為一名使對手害怕的截球能手。

許多廣告商也推出「矮球星」的照片，上面印著柏格斯純樸的微笑。

柏格斯成功了。他多次被評為最佳球員，至今他還記得當年媽媽鼓勵他的話，雖然他沒有長得多高，但他已經成為人人都知道的大球星了。

後來，柏格斯寫了一本傳記，主要是告訴人們：「相信自己，只有相信自己，才能成功。」

只有樂觀、自信才能開創奇蹟。

不要枉費生命的意義，努力讓自己成爲一個樂觀自信的人。擁有理想賦予人生意義，使生活具有永恆的價值。

樂觀、自信、懷有理想的人生是充實而富有的，抱持這種好心態，才能在事業發展中增加許多動力來源。

用微笑展現力量

發自內心絕對真誠的笑容是最有效的商標，比任何廣告更有力量，只有它能深入人心。

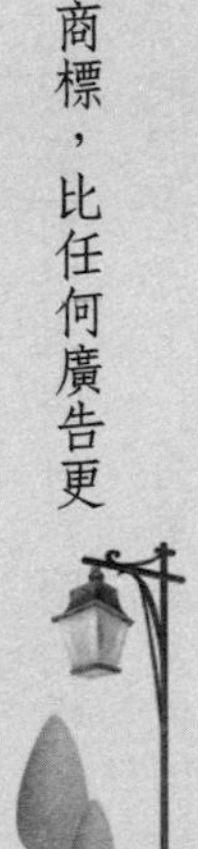

微笑是人最寶貴的無形資產。可以說一個人的成功便是從微笑開始，一個不會微笑的人想要成功，難度將難以想像。

眞正靠著微笑走向成功的人，應首推美國人——希爾頓。

從一九一九年創業之後，希爾頓旅館擴展到七十多家，遍佈世界各大都市，成爲全球規模最大的旅館之一。

幾十年來，希爾頓旅館的生意如此之好，財富增加得如此之快，成功的秘訣之一，實賴於服務人員「微笑的影響力」。

希爾頓旅館總公司的董事長唐納．希爾頓在幾十年當中，不斷地到分設在各國的希爾頓旅館視察業務。他每天至少與一家希爾頓旅館的服務人員接觸。他向各級人員（從總經理到服務人員）問得最多的一句話，必定是：「你今天對客人微笑了沒有？」

希爾頓旅館是先以微笑冠於全球，而後才以旅館規模居世界第一。

希爾頓於一八八七年生於美國新墨西哥州，父親去世之時，只留給年輕的希爾頓兩千美元的遺產。

希爾頓用這僅有的兩千美元，隻身到德克薩斯州買下他的第一家旅館。當旅館資產增加到五千一百萬美元的時候，他欣喜且自豪地告訴了他的母親。

但是，希爾頓的母親說：「照我看，你跟從前根本沒有什麼兩樣，不同的只是你把領帶弄髒了一些而已。事實上，你必須把握比五千一百萬美元更值錢的東西。除了對顧客誠實之外，還要想辦法讓每一位住進希爾頓旅館的人還想再度光臨，你要想出一種簡單、容易、成本低而且行之長久的辦法吸引顧客，這樣一來你的旅館才會有前途。」

希爾頓聽完母親的那番話之後，苦苦思量她嚴肅的忠告，究竟什麼「法寶」才具備母親所指示的「一要簡單，二要容易做，三要不花本錢，四要行之長久」這四大條件呢？

終於，希爾頓想出來了：「這個法寶一定是微笑。只有微笑具備這四大條件，也只有微笑能夠發揮如此大的影響力！」

於是希爾頓訂出了他經營旅館的三大信念：信心、辛勤、眼光。他要求員工照此信念實踐，他也要求員工，無論如何辛勞都必須對旅客保持微笑。他確認：微笑將有助於希爾頓旅館朝向世界發展。

一九三〇年是美國經濟最蕭條的一年，全美的旅館倒閉了百分之八十。希爾頓的旅館也一家接著一家虧損不堪，一度負債高達五十萬美元。

但希爾頓並不灰心，他召集每一家旅館員工特別交代和呼籲：「目前正值旅館虧空靠借債度日的時期，我決定堅強挺過難關。一旦美國經濟恐慌時期過去，我們希爾頓旅館很快就能撥雲見日。因此，我請各位記住，萬萬不可把我們心裡的愁雲擺在臉上。無論旅館本身遭遇到什麼樣的困難，希爾頓旅館服務人員臉上的微笑永遠是屬於旅客的陽光。」

在那百分之二十還未倒閉的旅館中，只有希爾頓旅館系統最先進入了嶄新的繁榮時期，跨入經營的黃金時代。

希爾頓旅館緊接著充實了一批現代化設備。

此時，希爾頓走到每一家旅館，都要召集全體員工開會說：「現在我們的旅館已經新添購了第一流的設備，你們覺得還需要配合一些什麼一流的東西讓客人更樂於光臨呢？」

員工回答之後，希爾頓微笑地搖著頭說：「請你們想一想，如果旅館裡只有第一流的設備而沒有第一流的微笑，那些旅客會認爲我們供應了他們全部最喜歡的東西嗎？如果缺少服務人員的美好微笑，就像花園裡失去了春天的太陽和春風。

假若我是顧客，我寧願住進那雖然只有殘舊地毯，卻處處見得到微笑的旅館，而不願走進空有一流設備卻看不到微笑的地方。」

希爾頓每天從這一洲飛到那一洲，從這一國飛到那一國，時常在靈感突來之時坐飛機回家寫稿。他寫的許多書中有一本名爲《賓至如歸》。時至今日，《賓至如歸》已經成爲每個希爾頓旅館工作人員的「聖經」。

希爾頓的資產從最初的兩千美元發展到數十億美元，呑併了號稱爲「旅館之王」的紐約華爾道夫的奧斯托利亞旅館，買下了號稱「旅館之后」的紐約普拉薩旅館。

當希爾頓搭乘專機到某國境內的希爾頓旅館視察時，服務人員會立即想到一件事，那就是他們的老闆可能隨時會來到自己面前說出那句名言：「你今天對客人微笑了嗎？」

微笑是指發自內心絕對眞誠的笑容。

一個大公司的人事經理經常說：「一個擁有純真微笑的小學畢業生，比一個臉孔冷漠的哲學博士更有用，因為微笑是對工作人員的基本要求，也是公司最有效的商標，比任何廣告更有力量，只有它能深入人心。」

法國作家福婁拜曾說：「一陣爽朗的笑，猶如滿室黃金一樣眩人耳目。」

微笑不僅能夠讓自己感到愉快放鬆，也能讓別人覺得如沐春風。時常保持著微笑，就能夠越來越接近成功。

掌穩心舵，不偏離快樂航道

沒有絕對幸福的人，只有不肯快樂的心。每個人都必須掌握好自己的心舵，對它下達命令來支配自己的命運。

人生是否能夠充滿希望與快樂，生活的態度是決定一切的關鍵。你用什麼樣的態度去對待生活，生活就會以什麼樣的態度來回報你。心態消極，生活就會黯淡；積極向上，生活就會充滿快樂，就能擺脫困境。

一位朋友講過他的一次經歷：

一天下班後我搭公車回家。車上的人很多，站在我面前的是一對戀人，他們親熱地相偎著。

其中的女孩背對著我，她的背影高挑、勻稱、活力四射，頭髮染上了最流行的顏色。她的衣著時髦，是個時尚、前衛、性感的都會女孩。

那對情侶靠得很近，低聲絮語著讓女孩不時發出愉快的笑聲。笑聲引起許多人把目光投向他們，那些目光裡似乎有著艷羨，不，我發覺他們的眼神裡還有一種驚訝，難道女孩美得令人吃驚？

我也有一股衝動想要看看女孩的臉，但女孩一直都沒回過頭來，她的眼中只有她的情人。

後來，他們似乎聊到了電影〈鐵達尼號〉，這時那女孩輕輕地哼起那首主題曲。女孩的嗓音很美，把那首纏綿悱惻的情歌表達得很美，雖然只是隨口哼唱，卻別有一番動人的味道。

我想，只有真正幸福快樂的人，才會在人群裡肆無忌憚地歡歌。這樣想來，我忽然覺得心裡一陣酸楚，像我這樣從裡到外都極為黯淡、孤獨的人，不知道什麼時候才能發出這種旁若無人的歡樂歌聲？

我和那對戀人在同一站下車，終於有機會看看那女孩的臉。我有些緊張，不知道自己將看到一個多麼賞心悅目的絕色美人。

但就在我大步趕上他們並回頭觀望時，我嚇呆了，我也理解了之前乘客們為什麼會出現那種驚詫的眼神。我看到一張被火肆虐過的臉孔，用「怵目驚心」這個詞來形容毫不誇張！

但想不到，這樣的女孩居然能有如此快樂的心境。

講完了這個故事之後，朋友深深地嘆了口氣感慨道：「上帝是公平的，他雖然把不幸給了那個女孩，但同時也給她好心情！」

其實，朋友的感慨有些偏頗，能夠掌控心靈的不是上帝，而是你自己。

世上沒有絕對幸福的人，只有不肯快樂的心。每個人都必須掌握好自己的心舵，對它下達命令來支配自己的命運。

你是否能夠準確地對自己的心下達命令呢？倘若生氣時就生氣，悲傷時就悲傷，懶惰時就懶惰，這些並不是好現象。

釋迦牟尼說：「妥善調整過的自己，比世上任何君王更加尊貴。」由此可知，「妥善調整自己」是非常重要的。

任何時候都必須明朗、愉快、歡樂、勇敢地掌握好自己的心舵，不要反而被自己的壞情緒控制了全面思緒。

挫折不可怕，樂觀是良方

人往往不是被事情擊倒，而是被自己心中的恐懼退縮逼退，只要時時保持樂觀的心態，人生中還有什麼問題無法解決呢？

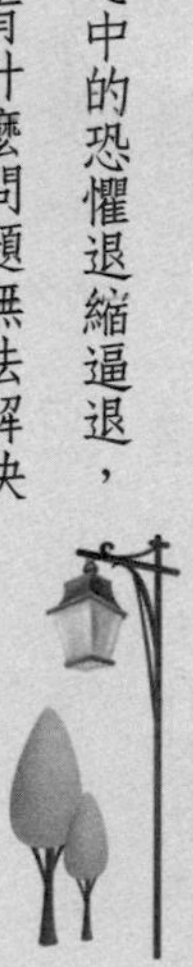

每個人都難免會遭遇到挫折，甚至有的時候一些挫折的現狀難以突破。面對挫折時，有的人會選擇不戰而敗，捶胸頓足，怨天尤人，這樣的人永遠也無法走出困境。

有個女人的頭部被搶劫犯擊中了五槍，竟然還能繼續存活下去。醫生把她的康復歸功於強烈的求生希望，她自己也說：「希望和積極的求生意念是我活下去的兩大支柱。」

與她一樣，許多癌症患者在面臨死神的威脅時，對生命寄託著希望，竟然超過醫生的估計，繼續活了許多年。

在挫折面前只有充滿希望，永不放棄，才有機會取得成功。希望，使人增強面對挫折的心理承受能力，經歷過挫折的打擊而能心平氣和地忍下來的人，都有一種切身的體驗——人之所以能夠忍耐，是因爲對未來仍然充滿希望。

如果一個人徹底絕望，對未來不抱有任何希望，就不會也無法忍耐，而是自暴自棄，不做任何努力，對絲毫挫折都失去了承受的能力。

希望就像是奔向前途的航標和指路明燈，人若沒有了希望就會迷失方向，生活就會失去意義。

成大事者之所以對於挫折具有足夠的承受力，就是因爲他們在對人生充滿希望的同時，也表現了積極樂觀的生活態度。這種態度能讓人努力在挫折困境中主動尋找幸福，即使道路坎坷，荊棘繞身。

近年來，有研究顯示，世界各地的自殺人數逐年攀升，越來越多人只要遇到挫折，首先想到逃避，而不是思索該如何戰勝自己、戰勝困難。

每個人都只有一次生命，是否能夠以積極樂觀的態度對待人生，對於一個人有相當重大的影響。

有一則故事很能說明樂觀者的人生態度。

一個人問一位準備遠航的水手，他說：「你的父親是怎麼死的？」

「出海捕魚，遇到風暴，死在海上。」

「你的祖父呢？」

「也是死在海上。」

「那麼，你還去航海，不怕也死在海上嗎？」

水手反問：「你父親死在哪裡？」

「死在床上。」

「你的祖父呢？」

「也死在床上。」

「那麼，你每天睡在床上不害怕嗎？」

這個故事含有深刻的人生哲理，言簡意賅，反映出水手明知祖父、父親都死在海上，卻沒有由於失去親人的痛苦挫折而改變自己的奮鬥目標，依然樂觀地從事自己嚮往的志業。

樂觀是指人在遭受挫折打擊時，仍然堅信情況將會好轉，前途依然是光明的。樂觀是人們身處逆境時不心灰意冷、不絕望或不抑鬱消沉的心態。

樂觀對於遭遇挫折的人有以下的作用：

● **排遣痛苦**

樂觀是一種良好的心理特質，能夠擊倒一切痛苦與煩惱，帶給人生活的勇氣、信心和力量。

醫學家認爲，愉快的情緒能使心理處於怡然自得的狀態，有益於人體各種激

素的正常分泌，有利於調節腦細胞的興奮和血液循環。馬克思也說：「一種美好的心情，比十副良藥更能解除生理上的疲憊和痛楚。」

●利於促進人際關係和事業

抱持著樂觀、豁達的生活態度參與社交活動，你會發現自己能夠很容易地與人和諧相處。

樂觀者全身充滿活力，容易融入社會。由於心情舒暢，在與人交往的過程中就會懂得對人謙虛、尊重，自然而然能夠得到對方的理解和尊重，雙方良好的互動就能形成和諧融洽的人際關係。

同樣的，受到挫折之後不氣餒，能夠繼續以樂觀的態度面對短暫的失敗，就會使人產生一股自信的進取力量。這種力量把自己展現於外，參與人群和事業，進而獲得成功和成就。

成功和成就的愉悅感，會讓自己更加樂觀地繼續從事未完的事業或開闢新的天地，這樣的良性循環使事業充滿生機，爲生活帶來無窮的樂趣和意義。

●促進身體健康

樂觀者的身體機能往往十分良好。

人們常說「笑一笑，十年少」，的確，樂天的人能夠笑對人生中的坷坎與挫折，不容易被疾病擊垮，他們抗禦腦血管疾病、癌症和糖尿病等慢性疾病的能力遠勝過悲戚憂鬱的人。

一項新的研究成果證明了樂觀與健康的對應關係。研究發現，對自我前途和未來抱持冷淡的態度，是身體健康不良的前兆。

有一位外國的流行病學家斷言，長期懷有這種絕望意識的人，死亡率高於心臟病、癌症和其他病因造成的平均死亡率。這說明了樂觀的心態對於健康的確大有裨益，悲觀絕望則會嚴重影響身體健康。

那麼，如何才能保持樂觀的心態呢？

保持樂觀心態的秘訣主要有三個：

• 幽默
• 遭遇失敗挫折絕不氣餒
• 為人和善，與人為友

只要時時保持樂觀的心態，人生中還有什麼問題是無法解決的呢？人往往不是被事情擊倒，而是被自己心中的恐懼退縮逼退，只要保有正確的、樂觀的人生態度，許多問題就不再令人感到萬分困擾。

心靈遙控器掌握在自己手裡

心情的好壞是自己能夠決定的事情，我們隨時可以切換手中的遙控器，將心靈的視窗調整到快樂的頻道。

有一個製造各式羊毛成衣的商人，由於經濟不景氣，他的生意大受影響，因此整天心情鬱悶不樂，每天晚上都睡不好覺。妻子見他愁眉不展的樣子，就建議他去看心理醫生，於是他前往醫院就診。

醫生看到他的雙眼佈滿血絲，心情不佳的樣子，便問他：「怎麼了，是不是受失眠所苦？」

羊毛成衣商人說：「是啊！」

心理醫生開導他說：「這沒有什麼大不了的！你回去以後如果睡不著就數數綿羊吧，這樣你的病就會好了，一定就能睡個好覺。」

過了一個星期，羊毛成衣商人又來找心理醫生。這次他的雙眼又紅又腫，精神更加不振了。

心理醫生非常吃驚地說：「你有照我的話去做嗎？」

羊毛成衣商人委屈地回答：「當然有呀！把羊都數完了，共三萬多頭！」

心理醫生又問：「數了這麼多，難道一點睡意都沒有嗎？」

羊毛成衣商人回答說：「本來已經很睏了，但一想到三萬多頭綿羊有那麼多毛，不剪下來豈不是太可惜了。」

「那剪完以後就可以睡了呀。」心理醫生說。

羊毛成衣商人嘆了口氣說：「但更頭疼的問題來了，那麼多羊毛製成的毛衣，要去哪兒找買主呀！一想到這個，我就睡不著了！」

其實，讓我們困惱的，往往不是什麼大不了的事情。

做人做事想得長遠一點雖然是一件好事，但如果把事情想得太遠，就成了無止盡的壓力，煩惱自然也就隨之而來。不需掛念的事情就不要惦念，這樣才能心靜，才能快樂。

另一個人做了一個夢，在夢中他看到一位頭戴白帽，腳穿白鞋，腰佩黑劍的壯士對著他大聲叱責，並在他的臉上吐口水……讓他從夢中驚醒過來。

隔天，他悶悶不樂地對朋友說：「我從小到大從來沒有受過別人的侮辱，但昨晚我在夢裡被人罵了還吐口水，我覺得很不甘心，一定要找出這個人來！」

於是，他每天一起床便站在人潮往來熙攘的十字路口尋找這個夢中的仇人。幾個星期過去了，他當然還是沒有找到這個人。

有些人會習慣去假想一些敵人，然後在心中累積許多莫須有的仇恨。

你是不是懷著一股怒氣呢？要知道，這樣受傷最大的將是自己，何不看開點，放了自己一馬呢？

別忘了，莎士比亞曾經告誡我們：「讓心靈清淨，是青年們最大的誡命。」

有一天，上帝和天使們商量該如何藏起人類的幸福快樂。

一位天使說：「把它藏在高山上，這樣人類肯定很難發現，非得付出相當多的努力不可。」

上帝聽了搖搖頭，認為這個主意不好。另一位天使說：「把它藏在大海深處，人類一定不會發現。」

上帝聽了還是搖搖頭。

又有一位天使說：「還是把幸福快樂藏在人類心中比較好，因為人們總是向外尋找自己的幸福快樂，卻從來沒有想到在自己身上挖掘幸福快樂。」

上帝對這個建議非常滿意。從此，幸福快樂就藏在每個人的心中。

正如這個傳說所說的一樣，人們往往盲目地尋找快樂，卻忘記了隱藏在自己身上的快樂泉源。其實每個人都能夠改變自己的想法，影響自己的情緒和行動，進而改變自己的人生。

心情的好壞是自己能夠決定的事情，只要我們願意，隨時可以切換手中的遙控器，將心靈的視窗調整到快樂的頻道。

好心態讓人快樂自在

只有正確地對待生活，保持積極的心態，進一步帶動良好的行為動作，才能克服困難，進而快樂地生活。

想要活得快樂，就需要有正確的心態。

人的一生中，難免會遇到各種問題，總會遇到一些不稱心的人，不如意的事，此時，應該以什麼樣的心態面對這一切呢？

如果你有快樂又自信的心態，那麼，結果往往能夠出人意料。

讓我們看看下面這個故事。

喬治夫人在美國一家銀行中負責接待工作，她的辦公桌就安置在銀行大門內進口處的右手邊。每天，她總是面帶著微笑，不厭其煩地解答顧客遇到的各種問題，在她的辦公桌上，有一篇用鏡框鑲起來的題為〈一個微笑〉的箴言：

一個微笑不費分文，但給予甚多，它使獲得者富有，但並不使給予者變窮。

一個微笑只是瞬間，但有時對它的記憶卻是永遠。

世界上沒有一個人富有和強悍得不需要微笑，世上也沒有一個人貧窮得連微笑都給不起。一個微笑能為家庭帶來愉悅，在同事中滋生善意。

它嫣然地為友誼傳遞資訊，為疲倦者帶來休息，為沮喪者帶來振奮，為悲哀者帶來陽光，它是大自然中去除煩惱的靈丹妙藥。然而，它卻買不到，求不得，借不了，偷不去，因為在被贈予之前，它對任何人都毫無價值可言。

有人已疲憊得無法給你一個微笑，請你將微笑贈予他們吧，因為沒有一個人比無法給予別人微笑的人更需要一個微笑了。

一位因得到她的指導而受益的員工說：「我學會了微笑的技巧，這改變了我的人生，我現在不但自己快樂，也帶給別人快樂，我感到我正一步步邁向成功。」

心理學家指出：「如果想要改變自己、重塑迷人的魅力，就應該從兩方面著手，一是心態、二是行為動作。」

如何才能使自己成爲一個眞正充滿自信又快樂的人？這無疑是一門高深複雜的學問。

如果只是被強迫表現得快樂、要你微笑，那都是沒有用的。假使你是一個很不幸的人、假使你看不到自己的前途、對人類的善良和美好失去信心，你就會覺得自己萎靡、卑微、無聊又墮落。你可能會笑，然而你笑出來的不是快樂，至少你的笑不能使人快樂。

只有正確地對待生活，保持積極的心態，進一步帶動良好的行爲動作，兩者相互交融，才能克服以上提到的困難，進而快樂地生活。

一個人每天遇到的事物，都包含著成功快樂的元素，取捨全由個人決定。只要懷有樂觀的心態，選擇和發展的機會就會大大地增加，生活也會少一份憂愁，多一份自在。

5.

心態消極，就會失敗到底

種種積極行動的累積，能夠造就偉大的成功；
消極言行的堆疊，則足以讓人失敗到底。

凡事泰然，戰勝悲觀

笑對人生，萬事都能泰然處之。只要戰勝了自己心中悲觀的心態，你就能夠活得更輕鬆自在。

世界三大男高音之一帕華洛帝曾經講過：「儘管一生中有無數遺憾，但生活畢竟是美好的。要樂觀、全心全意地去做每一件事情，並且用歌聲表達對於人生的狂熱。」

每個人不可能一輩子事事如意，同樣的，也不會屢受挫折。

如果你能隨時隨地都能看到、想到自己生活中光明的一面，同時意識到自己面臨的困境，別人也曾遭遇過，甚至比自己的更加嚴重，那你就能從某種煩惱和痛苦中解脫，並可能重獲新生，會更加自信且愉快地生活。

山德里是飯店的經理，他的心情總是很好。當有人問他近況如何時，他回答：「我快樂無比。」

如果哪位同事心情不好，他就會告訴對方該如何看待事物積極的一面。

他說：「每天早上我一醒來就對自己說：『山德里，你今天有兩種選擇，你可以選擇心情愉快，也可以選擇心情不好。』我總是選擇保持愉快的心情。每當有壞事發生，我可以選擇成為一個受害者，也可以選擇從中記取教訓，我選擇後者。因此，其實每個人都能選擇愉快面對人生。」

有一天，他遇到了兩個持槍的歹徒，並且被子彈擊中，幸運的是他被及時送到醫院。經過二十個小時的搶救和幾週的精心治療，山德里出院了，但仍有一小部分子彈碎片留在他的體內。

八個月後，他的一位朋友見到了他，朋友問他近況如何，他說：「我快樂無比，想不想看看我的傷疤？」

朋友看了疤痕，然後問當時他想了些什麼。山德里答道：「當我躺在地上時，我告訴自己我有兩個選擇：一是死，一是活。我選擇了活。醫護人員都很好，他們不斷告訴我，我會好的。但是在他們把我推進急診室時，我從他們的眼神中讀到『這是個死人』。我知道我需要採取一些行動。」

「你採取了什麼行動？」朋友問。

山德里說：「有個護士大聲問我是否對什麼東西過敏，我馬上回答『有的！』這時，所有醫生、護士都停下動作等我繼續說下去。我深深吸了一口氣，然後大聲吼道：『子彈！』在一片大笑聲中，我又說道：『請把我當活人來醫，而不是死人。』」

山德里就這樣活下來了。

弗恩．戴爾博士，這位寫過《你容易犯錯的地方》的著名作家，在他三十歲第一次婚姻破裂後說：

「每件發生在我身上的事，都像是一次機會，雖然它們看起來可能是障礙。我想，我生命中最悲慘的時候，就是我經歷離婚又和女兒分開的那段時期。她回到密西根，我留在紐約。那正是我生命中的低潮期，我自己難以恢復，也不知道未來該往哪兒走。」

「我獨自一人，由於婚姻破裂，生活中許多事情都發生了變化。我開始跑步，讓自己的身體變得更好，我也開始專心寫作，過去我一直掙扎在寫作之中，因為當時夫妻關係很緊張，效果一直不是很好。我很擔心如果不能和唯一的孩子在一起，失去那些創造快樂生活的重要事情，我將如何處理的我情緒。那時，我真的感到很難熬。」

「但婚姻告終，它已經結束了，我應該重新調整生活，用過去覺得不可行的方式繼續生活下去。更重要的是，如果沒有走過那段低潮，我就不可能發展新的婚姻關係。今天我有七個孩子，有美滿的婚姻，賢淑的妻子，和前妻的關係也非常好，她也遇到另一個男人結了婚。那扇關閉的門曾經令我們倆都很痛苦，但我們決定開啟那扇門。」

「我想任何有過負面人際關係體驗的人，不論是婚姻還是其他任何關係的破裂，這種體驗也是生活中很重要的一部分。如果你將它視為一個學習的機會，我真心認為這對雙方都是有益的。當我和第一任妻子結婚時，我做了許多不得體的事，經歷了那次失敗的婚姻後——雖然這是個痛苦的教訓，我學會了對人更體貼、更關懷。我也和女兒發展了一種新關係，離婚的時候，我以為我們父女關係會惡化，甚至會結束，但事實上並沒有。」

所以，當失敗來臨時，你絕對可以選擇帶著微笑面對，因爲它可以是一次人生的轉捩點。

美國富翁柯克在五十一歲那年把財產全部花光了，只好又去賺錢。沒多久，他又賺了許多錢。

他的朋友因此感到很奇怪，問他：「你的運氣為什麼總是這麼好？」

柯克回答：「這不是我的幸運，是我的秘訣。」

朋友急切地說：「你的秘訣可以說出來讓大家聽聽嗎？」

柯克笑了：「當然可以，其實人人都能夠辦到。我是一個快樂主義者，無論對於什麼事情，我從來不抱持悲觀的態度。即使人們譏笑、惱怒，我也從不改變自己的心態，並且，我還努力讓別人快樂。我相信，一個人如果經常向著光明和快樂的一面看，一定可以成功。」

笑對人生，萬事都能泰然處之。只要戰勝了自己心中悲觀的心態，你就能夠活得更輕鬆自在。

調整思緒，克服消極

積極反應具有建設性，能指引人方向與擴展希望，並克服消極的想法，是邁向成功不可或缺的要素之一。

人生難免有得有失，面對不如意的際遇時，關鍵是要調整自己的想法，保持正面積極的心態。

在生活中學會積極地思考，能使我們在面對惡劣的情形時，仍然能尋求最好的、最有利的解決方法。事實也一再證明，當一個人往好的一面看時，成功的機會將大爲提升。

積極的想法是一種深思熟慮的過程，也是一種主觀的選擇。

奇德聽到自己被解雇的消息時，幾乎崩潰了。老闆並未做任何解釋，只表示公司的政策改變，現在不再需要他了。

更令他難以接受的是，就在幾個月以前，老闆還是另一副面孔。當時，另一家公司想以優厚的條件將他挖走，奇德把這件事告訴老闆，老闆極力地挽留他說：「奇德，我們需要你！而且，我們會給你更好的前景。」

如今奇德卻落到沒有人要的地步，可想而知他是多麼痛苦。

不被需要、被人拒絕、瞬間失去努力的目標，這種消極的情緒一直糾纏著他，原本幹練並且朝氣蓬勃的奇德變得消沉沮喪。在這種心境下，奇德重新找到的工作也不太理想。

奇德的頹廢是由於他仍然迷惑在失敗與消沉當中，這時就必須要發揮積極的心態，才能讓他重新找回自己。

有一天總算想通了，開始思考自己目前這種狀況是否存在著一些消極的因素？他發現許多消極負面的情緒，這些因素是他一蹶不振的主要原因。

他也意識到一點，想發揮積極思維的作用，自己就必須先做到一點——排除消極的情緒。

於是，他開始改變思維方式，排除消極的情緒。他以積極的心態思考自己被解雇的原因：「我不應該繼續埋怨自己的遭遇，應該多想想該如何面對、要如何進行下一步。」

當他轉換了想法之後，整個心態完全改變了，他又重新找到自己的快樂，並且積極努力地工作。

俄國作家杜思托也斯基說：「隨著歲月的流逝，悲愁彷彿與快樂混合在一起，變為喜悅的嘆息。」

爲什麼積極的心態會產生如此巨大的力量？它絕非一種神奇的魔力，因爲它無法無中生有地爲失業者找到一份工作，最終還是得靠我們自己。

當奇德心中充斥著不滿、怨懟時，他就無法盡心盡力地去找工作。倘若他遇到朋友時仍然怨天尤人，朋友恐怕也不敢爲他介紹工作了。所以，奇德改變心態

之後的轉機一點也不出人意料，他只不過是及時改變了自己的思考和行爲方式，而且實事求是地分析了事實。

因此，積極心態指的便是，在看待事物時，應先清楚地體認到，凡事都有好有壞，強調好的一面就會產生良好的願望與結果，只要朝著積極的方面想，自己的好運便會到來。

積極的心態是一種對任何人、情況或環境的積極反應，這種反應具有建設性的想法與行爲。

積極的心態指引人前進的方向與擴展希望，並克服消極的想法。它能爲你帶來信心，因此，是邁向成功不可或缺的要素之一。

只要能戰勝心中消極的心理障礙，你就能燃起信心，朝著目標前進。

在快樂中忘卻煩惱

每個人的心中都有一顆快樂的種子，只要讓那顆種子發芽，就能讓自己找到快樂。

身爲一個現代人，每天必須面對來自各方面的壓力，如何在壓力與煩躁中爲自己注入快樂的元素，就是一個相當重要的問題。唯有養成快樂的心態，才能減輕工作上、生活中的壓力，擺脫困境，更利於創造出好的成果。

成大事者都相信，只要少一份煩惱，就能多一份快樂。正如拿破崙．希爾所說：「忘卻煩惱，學會讓自己快樂。」

那麼，要怎麼讓自己快樂呢？

「施予溫暖卻不希望獲得回報」，是讓自己快樂的好方法之一。演講大師喬治．凱曾經談過他的一段體會。

他的父母親很樂於幫助別人，但他們家境並不寬裕，甚至債台高築。然而，雖然如此貧窮，他的父母每年仍然儘量設法送點錢到孤兒院去。

那是設在愛荷華州的一座基督教孤兒院，他的父母從來沒有去過那兒，或許也沒有人為他們所捐的錢感謝過他們（除了謝函），但是他們所得到的報酬卻非常豐富——得到助人的樂趣，而且並不希望或等著別人的感激或回報。

喬治．凱離家以後，每年的耶誕節總會寄一張支票給父母，讓他們買一些奢侈品。可是據他所知，他們很少這樣做，當他每個耶誕節前幾天回到家裡的時候，父親會告訴他，他們用那筆錢買了一些煤和雜貨送給鎮上一些「可憐的女人」——有許多孩子卻沒有錢買食物和柴火的人。他們送這些禮物時也得到很多的快樂——只付出，不希望得到任何回報的快樂。

喬治．凱相信他的父母有資格做亞里斯多德理想中的人。

「理想的人，」亞里斯多德說：「以施惠於人為樂，卻會由於別人施惠於他而感到羞愧。因為能表現仁慈就是高人一等，接受別人施惠卻代表低人一等。」

喬治．凱說：「如果我們想得到快樂，就不要去想著被感恩或望恩，只享受施予的快樂。」

有了快樂的想法和行爲，就能眞正感受到快樂。

在快樂中，生活會更加豐富多彩。

生活的快樂與否，完全取決於對於人、事、物的看法，如果懷有的都是快樂的念頭，就能擁有快樂；如果想的都是悲傷的事情，就會情緒低落。如果總是設想可怕的情況，就會擔心害怕；如果腦海中全是失敗，那麼就會眞的失敗。

是的，保有快樂的念頭，就能讓自己快樂。

一天晚上，有一個人散步到了天橋邊，看到一個年輕人正吃力地背著一個女孩爬上天橋，額頭上已經滲出細密的汗珠。

那個人見狀急忙上前攙扶，並且詢問那個年輕人：「她生病了吧？我幫你叫救護車……」

想不到那個年輕人竟然聽若罔聞，繼續努力往天橋上走。

總算到了天橋上，哪個女孩大笑了起來，年輕人也立刻向那個人道歉：「對不起，謝謝你的好心，我們只是在玩遊戲。」

「什麼？」那個人覺得非常尷尬，甚至有些惱怒，覺得自己像個笨蛋。

女孩好不容易止住笑意，對那個人說：「今天是我們結婚三周年紀念日，我不要他買什麼禮物，只要他背我上天橋，才背了來回兩次他就累成這樣，將來結婚二十周年，我一定要他來回背我二十趟，累死他！」

說著，女孩子又笑了起來。

那個女孩子長得並不出眾，沒有什麼特別吸引人的地方，但此刻被寵得像個嬌貴公主的她，臉上滿是幸福的笑容。

很多人都這樣認爲，浪漫必定和鮮花、燭光晚餐脫不了關係，卻忘了世界上還有一種別致的浪漫——幸福。擁有幸福的人不一定過得輕鬆富裕，卻都能夠享受到物質難以取代的快樂。

快樂是生活的一種調味料，無論是年輕人還是老年人、是富人還是窮人，沒有人不喜歡享受快樂的感受。

其實，在每個人的心中都有一顆快樂的種子，只要讓那顆種子發芽，就能讓自己找到快樂。

心態消極，就會失敗到底

種種積極行動的累積，能夠造就偉大的成功；消極言行的堆疊，則足以讓人失敗到底。

消極的心態常常會妨礙人們產生進取之心，一個人是否有進取之心，決定了他將選擇什麼樣的目標，否則就會成爲平庸之徒。因此，人應該學會積極處理消極的心態！

一個要成大事的人必須面對這樣一個不變的事實：在這個世界上，成功卓越者少，失敗平庸者多。成功卓越的人活得充實、自在、瀟灑，失敗平庸的人過得空虛、艱難、煩憂。

那些人之所以失敗平庸，往往是由於心態觀念上出現問題，他們一遇到困難就會選擇往回走，結果讓自己陷入失敗的深淵。

至於成大事的人，則是完全以另一種方式面對困境，他們會懷著挑戰的心態，用「我要做」、「我一定有辦法」等積極的意念鼓勵自己，想盡辦法，不斷前進，直到成功。

成大事的人能從失敗中記取教訓，總結經驗，積極努力面對失敗。

因此，可以這麼說，種種積極行動的累積，能夠造就偉大的成功；消極言行的堆疊，則足以讓人失敗到底。

卡內基曾經說過一個故事，對我們每個人都能有所啓發。

羅娜陪伴丈夫駐紮在一個沙漠的陸軍基地裡，她的丈夫奉命到沙漠中演習，她一個人留在鐵皮屋裡。

當時天氣相當炎熱，在仙人掌的陰影下也有華氏一百二十五度！她沒有人可以聊天，那裡只有墨西哥人和印第安人，他們都不會說英語。

她覺得很難受，就寫信給父母，說想要拋開一切回家去。她父親的回信只有兩行字，這兩行字卻永遠留在她心中，完全改變了她的人生。

「兩個人從同一座牢房的鐵窗望出去，一個看到泥土，一個卻看到星星。」

讀了這封信，羅娜覺得非常慚愧，決定要努力在沙漠中尋找星星。

她開始學著和當地人交朋友，他們的反應讓她非常驚奇；她對他們的紡織、陶器也產生的興趣，他們就把自己最喜歡的、捨不得賣給觀光客人的紡織品和陶器送給羅娜。

她還研究仙人掌和各種沙漠植物，學習有關土撥鼠的常識；她觀看沙漠中的日落，還尋找海螺殼，這些海螺殼是幾萬年前當沙漠還是海洋時遺留下來的……原來令人難以忍受的環境，變成了令她流連忘返的美景。

是什麼使羅娜有了這麼大的轉變？

沙漠沒有改變，印第安人也沒有改變，是羅娜的心態改變了。她爲了自己發現新世界而興奮不已，並且爲此寫了一本書。終於，她從那座鐵皮搭成的軍營裡看到了璀璨的星星。

這就是積極心態與消極心態所造成的天壤之別。

如果每個人都能夠平衡自己的心態，遇到困境時不灰心失望，不否定自己，而是滿懷著信心面對挑戰，一定能夠成功。

不讓憂慮打擾你的好心情

幫助你克服憂慮的最好醫師就是自己。只要擊倒了自己心中的焦慮，許多事情都不再值得煩惱。

「杞人憂天」這個成語廣爲人知，「杯弓蛇影」的故事聽來也頗爲可笑，但在你的周遭其實就有許多類似的人，也許你自己也經常由於一些小事而處於憂慮的狀況之中。

憂慮的心態其實無法帶來什麼好處，只是徒增煩惱，不僅無法解決任何問題，反而會讓你的生活變得更糟糕。

艾爾．亨利的故事就是一個很好的例子。

一九二九年的一天晚上，艾爾．亨利的胃出血了，被送往芝加哥西比大學醫學院附設醫院，他的體重從一百七十五磅降到九十磅，病狀嚴重到醫生們連頭都不知道怎麼搖。

三個醫生當中，有一個是非常有名的胃潰瘍專家，他表示亨利「已經無藥可救了」。亨利只能吃蘇打粉，以及每小時吃一大匙半流質食物，每天早晚都要由護士將一條橡皮管插進他的胃，把裡面的東西洗出來。

這種情形持續了好幾個月，最後，他對自己說：「亨利，你現在這樣除了等死之外沒有其他的指望，還不如好好利用剩下的這一點時間。你一直夢想在死之前能夠環遊世界，那不如現在就去做吧。」

當亨利把這個想法告訴幾位醫生時，他們都大吃一驚並且極力反對。不可能的，他們從來沒有聽說過這種事。他們警告亨利，如果抱病環遊世界，就只有葬在海裡了。

「不，我不會的。」亨利回答：「我已經答應過我的親友，我要葬在尼布雷斯卡州，就在我老家的墓園裡，所以，我打算把我的棺材隨身帶著。」

亨利真的去訂了一具棺材，把它運上船，然後將一切安排好，萬一真的在旅程中去世，就把屍體放在冷凍艙裡，運回老家安葬。

從洛杉磯上了船朝著東方航行的時候，亨利覺得身體狀況好多了，他漸漸地不再吃藥，也不用洗胃。不久之後，任何食物都能吃了——甚至包括許多奇奇怪怪的當地食品和調味料，這些都是別人說他吃了一定會送命的。

幾週過去之後，他甚至可以抽長長的黑雪茄，喝上幾杯酒，多年來亨利從來沒有如此享受過。

他後來在印度洋上碰到颶風，在太平洋上遇到颱風，這些事情都沒有讓亨利感到害怕，反而讓他獲得很多樂趣。

亨利在船上和人們玩遊戲、唱歌、交朋友，聊天聊到深夜。他們到了中國和印度之後，發現回去之後要料理的煩惱私事，跟在當地見到的貧窮與饑餓相較之下，簡直就像是天堂跟地獄。

他終止了所有無意義的擔憂，覺得身心都非常舒暢。他平安地回到美國，體重還增加了九十磅，這讓他幾乎完全忘記自己曾經罹患過嚴重的胃潰瘍。

艾爾·亨利的經驗告訴我們，征服憂慮的最好辦法就是：設法讓自己快樂地生活著。

憂慮是一劑自殺的慢性毒藥，能幫助你克服憂慮的最好醫師就是自己。控制自己的想法與心態，不要總想著消極的一面。

只要擊倒了自己心中的焦慮，許多事情都不再值得煩惱。

心理平衡穩定，凡事都能搞定

負面情緒具有很大的殺傷力，想要成大事，就必須保持心中的平衡與穩定，將這些消極的情緒轉化為積極的力量。

法國一位作家曾說：「我們不應該為了一些自己以為相當重大的事而心情鬱悶，它除了使你意志消沉之外，不會帶來任何幫助。」

對於想成大事者而言，最重要的事情就是工作，因爲工作本身需要熱情，需要全心全力地投入，根本沒有時間徘徊嘆息。

然而，許多人雖然知道這一點，卻仍然被生活中一些糟糕的情況煩擾地得憂慮不已。這裡有一個有效消除憂慮的辦法，是威利．卡瑞爾發明的。

卡瑞爾是一個很聰明的工程師，開創了空氣調節器製造業，是世界聞名的紐約瑞西卡瑞爾公司負責人。這個解決憂慮的好辦法是卡瑞爾先生在紐約工程師俱樂部吃午餐時想到的。

「年輕的時候，我在水牛城的水牛鋼鐵公司工作。我必須到密蘇里州水晶城的匹茲堡玻璃公司——一座花費好幾百萬美金建造的工廠安裝一架瓦斯清潔機，目的是清除瓦斯裡的雜質，使瓦斯燃燒時不至於傷到引擎。這種新研發的清潔瓦斯方法過去只試過一次，而且當時的情況很不相同。」

「我到密蘇里州水晶城工作的時候，很多事先沒有想到的困難都發生了。經過一番調整之後，機器總算可以使用了，可是效果並沒有達到我們保證的程度。我對自己的失敗感到非常驚訝，覺得好像是有人在我頭上重重地打了一拳。我的胃和肚子都開始扭痛起來。有好一陣子，我擔憂得簡直沒有辦法睡覺。最後，我告訴自己憂慮並不能夠解決問題，於是我想出一個不需要憂慮就能夠解決問題的辦法，結果非常有效。」

「這個反憂慮的辦法我已經使用三十多年。辦法非常簡單，任何人都可以使用。一共有三個步驟，第一步，先毫不畏懼而且誠懇地分析整個情況，然後找出萬一失敗可能發生的最壞情況，接著再分析即使這個情況壞到不可挽回的程度，也沒有人會把我關起來，或者把我槍斃。

第二步，了解可能發生的最壞情況之後，我就讓自己慢慢接受它。如此一來我就能逐漸輕鬆下來，感受到幾天以來從未體驗過的一份平靜。

第三步，從這以後，我就平靜地把我的時間和精力，拿來試著改善我在心理上已經接受的那種最壞情況。」

爲什麼威利．卡瑞爾的排憂公式這麼實用呢？從心理學上來說，它能夠將你從那個巨大的灰色雲層當中拉出來，讓你不再因爲憂慮而盲目地摸索，它能夠使你的雙腳穩穩地站在地面，你也確實感受到自己站在地面上。

如果腳下沒有結實的土地，又怎麼能希望把事情想通呢？

應用心理學家威廉．詹姆斯教授對於這項排憂公式一定也會大表贊同，因爲他曾經告訴他的學生說：「要願意承擔最壞的情況，因為能接受既成的事實，是克服隨之而來任何不幸的第一個步驟。」

以上這些都很有道理，對不對？可是依然有成千上萬的人，因爲憤怒、憂慮而毀了他們自己的生活，因爲他們拒絕接受最壞的情況，不肯由此改進，也就無法盡可能地進行挽救，導致最終讓自己成爲憂鬱症那種頹喪情緒的犧牲品。

雖然「人生不如意常八九，可與語人無二三」，但如果一個人隨時讓自己的情緒冒出頭來，只會造成消極的影響。

一個人的負面情緒諸如浮躁、抑鬱、憤怒等等都具有很大的殺傷力，所以若是想要成大事，就必須加以控制這些消極的情緒，把它轉化爲積極的力量。

「知足常樂，隨遇而安」是成大事者的平衡心態，林語堂在《生活的藝術》裡有這樣的概念：心理的平靜。

這位中國哲學家說：「能接受最壞的情況，就能讓你發揮出新的能力。」

確實如此，只要戰勝了自己腦袋裡的消極念頭，保持心中的平衡與穩定，就能表現出自己眞正的實力。

貪得無饜，永遠輾轉難眠

不能嗜欲太過，乃至不顧一切，甚至以不正當的手段謀求富貴。最應該做的就是安於本份，安於擁有，知足常樂，樂天知命。

有一個有錢人，每天早上經過一家豆腐店時，都能聽到屋裡傳出愉快的歌聲。這天，他忍不住走入豆腐坊，看到這對小夫妻正在辛勤工作。

富人大發惻隱之心說：「你們這麼辛苦工作，我願意幫助你們，讓你們過著真正快樂的生活。」說完，他留下一大筆錢就離開了。

這天夜裡，富人躺在床上想：「這對小夫妻再也不用辛辛苦苦做豆腐了，他們的歌聲一定會更響亮。」

第二天一早，富人又經過豆腐店，卻沒有聽到這對夫妻的歌聲。他想他們可能激動得一夜沒睡好，所以到現在還沒起床。但第二天、第三天，一連過了數天都沒有聽到夫妻倆的歌聲。

富人正覺得疑惑，豆腐店的男主人走了出來，手上拿著那些錢，看見了富人，便急忙說道：「先生，我正要去找你，要把錢還給你。」

富人問：「為什麼？」

年輕的豆腐師傅說：「在沒有這些錢的時候，我們每天做豆腐賣，雖然辛苦，但心裡非常踏實。自從拿了這一大筆錢，我和妻子反而不知如何是好了——我們還要做豆腐嗎？如果還做要繼續賣豆腐，我們就能養活自己，就不需要這麼多錢了。放在屋裡又怕被偷；拿去做生意，我們又沒有那個能力和興趣。所以，還是還給你吧！」

富人雖然無法理解，但還是收回了錢。第二天，當他再次經過豆腐店時，聽到裡面又傳出夫妻倆的歌聲。

這個故事也許並不適合汲汲追逐財富、權貴之人的口味，有人也會質疑說，錢多難道不好嗎？當然，並不是要我們不去追求、擁有財富，而是要以積極正面的心態面對財富。

英國著名作家狄更斯曾經說：「窮人對家庭的依戀有一個更高尚的根，深深地紮在一塊純潔的土地裡。他的財神由血和肉形成，沒有摻雜金銀或者寶石；他沒有什麼財產，只有藏在內心的感情……」

在古人的眼中，「富貴」是人人都可以做到的，「不取於人謂之富，不屈於人謂之貴」，布衣草鞋，自有一股飄逸清雅的仙氣；粗茶淡飯，自有一份閒適自在的逸趣。

「漁夫和金魚的故事」相信多人都聽過，那個漁夫的老婆是個貪得無饜的人，她得到金魚之後卻不滿足，結果，金魚在憤怒和厭惡之下收回了一切，漁夫的老婆只能回到往日的貧困生活之中。

對於一個貪得無饜的人，縱使給他金銀還會埋怨沒有得到珠寶，吃著碗裡的還要看著鍋裡的，這種人雖然身居豪富權貴之位，卻等於自淪爲乞丐。

一個知足的人，即使吃粗食野菜也比吃山珍海味還要香甜，穿粗衣棉袍也比穿狐袍貂裘還要溫暖，這種人雖然身爲平民，實際上卻能活得比王公更快樂。

其實，人應該明白一個道理，假如你現在擁有百萬資產，可是還有家資千萬的人；你現在有千萬資產，但還有家產雄厚又地位尊貴的人。所以，最應該做的就是安於本份，安於擁有，知足常樂，樂天知命。

不念舊惡，化對立爲助力

以寬容的心態面對問題、處理事情，往往就能創造和善友好的人際關係，這也就為邁向成功事先做好準備。

人要有「不念舊惡」的精神，專注於現在，把瀟脫應用於做人處世方面。在許多情況下，人們誤以爲「惡」的，未必眞的是「惡」。即使是眞的「惡」，只要對方心存歉疚，你不念舊惡，以禮相待，也許就能改「惡」從善。

唐朝開國名將李靖曾任隋煬帝的郡丞，一發現李淵有圖謀天下之意，就親自向隋煬帝檢舉揭發。

李淵滅隋之後原本要殺李靖，但李世民反對報復，再三請求保他一命。後來，李靖馳騁疆場，征戰不疲，安邦定國，為唐朝立下赫赫戰功。

魏徵曾鼓動太子李建成殺掉李世民，李世民同樣不記舊怨，量才重用，讓魏徵覺得「喜逢知己之主，竭其力用」，也為唐王朝立下了豐功。

宋代王安石對蘇東坡的態度，也可以稱得上有那麼一點「惡」行。他當宰相時，因爲蘇東坡與他的政見不同，便藉故將蘇東坡降職減薪，貶官到了黃州，讓他好不淒慘。

然而，蘇東坡胸懷大度，根本不把這件事放在心上，更不念舊惡。王安石從宰相之位垮台之後，兩個人的關係反而好轉。蘇東坡不斷寫信給隱居金陵的王安石，或敘友情，互相勉勵，或討論學問，兩人談得十分投機。

相傳唐朝宰相陸贄手握大權時，曾聽信讒言，認為太常博士李吉甫結黨營私，便把他貶到明州任長史。不久，陸贄被罷相，貶到明州附近的忠州當別駕。後任的

宰相知道李、陸有私怨，便玩弄權術，特意提拔李吉甫為忠州刺史，讓他去當陸贄的頂頭上司，意在借刀殺人。

想不到李吉甫不念舊怨，從一上任開始，便特意與陸贄飲酒結歡，讓那位現任宰相借刀殺人的陰謀化為泡影。對此，陸贄深受感動，便積極出謀劃策，協助李吉甫把忠州治理得一天比一天好。

李吉甫不圖報復，寬待了他人，也幫助了自己。

假如你想化敵爲友，就必須要邁出第一步，否則不會有任何進展。當你和別人之間發生矛盾衝突的時候，要主動示好，寬容一切，採取尋求和解的行動，這樣才能贏得和諧的人際關係，享受幸福的人生。

從前，在美國紐澤西州一個小鎮上，住著一對叫捷克和康姆的鄰居，但他們並非友好的鄰居。雖然誰也記不清楚到底為什麼，但就是彼此不和睦。他們只知道自己不喜歡對方，這個原因就足夠了。

後來，在夏天快要過去的時候，捷克和妻子外出度假兩周。開始的時候，康姆和妻子並未注意到捷克一家出遊。

但是一天傍晚，康姆幫自家院子除過草後，注意到捷克家的草已長得很高了。

相較於自己家剛除過草的草坪，捷克家的草坪很顯然告訴別人，這戶家中沒有人，這樣很容易引來盜賊的「光臨」。

康姆看著那高高的草坪，心裡真不願意幫他不喜歡的人。儘管他很努力地在腦子裡抹去這種想法，但是那種幫忙的念頭總是揮之不去。

第二天，他就主動幫捷克家的草坪除草。

幾天後，捷克和他的妻子回來了。隔天，捷克在街上走來走去，並且在整個街區的每間房子前都停留了一會兒。最後，他來到了康姆的房子前，敲開了他家的大門。

「康姆，是你幫我家除草了？」捷克問，這也許是他很久以來第一次這麼稱呼康姆。

「我問了所有的人，他們都沒有除。他們說是你做的，是真的嗎？」捷克的語氣幾乎是在責備。

「是的，是我除的！」康姆說，他的語氣也帶有挑戰意味，因為他聽到的不是感激，而是一種責備。

捷克此時有點猶豫，考慮了片刻，最後他用低得幾乎聽不見的聲音對康姆說了聲「謝謝」，接著匆匆離去。

就這樣，捷克和康姆打破了以往的沉默，他們雖然還沒有發展到一起出去郊遊的友好程度，但關係改善了。至少除草機開過彼此身旁時，他們之間有了笑容，有時說一聲「你好」。他們的後院由戰場變成了非軍事區，如果沒有彼此的寬容之心，他們很難走到這一步。

在人與人的關係中，要做到長久相處，最重要也是最難得的，就是將心比心。

誰不會犯錯呢？捫心自問，當我們有對不起別人的地方的時候，是多麼渴望得到對方的諒解！以這種寬容的心態面對問題、處理事情，往往就能創造和善友好的人際關係，這也就爲邁向成功事先做好了準備。

6.

樂於忘記，才能向前邁進

「生氣是用別人的過錯來懲罰自己。」
老是「念念不忘」別人的「壞處」，
實際上最受其害的是自己的心靈。

以寬容抵抗壓迫

以退為進，帶給人進步的動力，以硬碰硬，反而會讓自己吃大虧，在開創事業的過程中學會寬容，柔亦可克剛。

在成大事的人眼中，任何艱難困苦都不足以讓人心灰意冷，反而能更加鼓舞士氣，激起一定要成就大事的慾望與信心。

在成大事的過程中，一個人難免會有受到委屈的時候，如何以柔克剛、盡顯本色，則是值得我們學習的目標。

人是否能夠成就一番事業，就要看他是否能以寬容的心態控制自己，是否能夠以柔克剛。

能寬容別人，才會有所成就。

列夫．托爾斯泰雖然很有名，又出身貴族，但他卻喜歡和平民百姓打成一片，與他們交遊。

一次，他在長途旅行的過程中，路過一個小火車站，他忽然想到車站上走走，於是來到了月台上。這時，一列車正要開動，汽笛已經拉響了。

托爾斯泰正在月台上慢慢地走著，忽然，一位女士從列車車窗裡對他直喊：

「老頭！老頭！快替我到候車室把手提包拿來，我忘記提了。」

原來，這位女士見到托爾斯泰的衣著簡樸，還沾了不少塵土，便把他當作車站的搬運工了。

托爾斯泰趕忙跑進候車室拿來提包，遞給這位女士。

女士接過手提包感激地說：「謝謝啦！」接著隨手遞給托爾斯泰一枚硬幣，

「這是賞給你的。」

托爾斯泰伸手接過硬幣，瞧了瞧便收進口袋裡。

此時，女士身旁有個旅客認出這個「搬運工」就是大名鼎鼎的托爾斯泰，便大聲對女士喊道：「太太，您知道您賞錢給誰了嗎？他是托爾斯泰呀！」

「啊！老天爺！」女士驚呼起來，「我這是在做什麼蠢事呀！」她對托爾斯泰急切地解釋說：「托爾斯泰先生！看在上帝的面子上，請別計較！請把硬幣還給我吧，我怎麼會給您小費，多不好意思！我這是在做什麼蠢事！」

「太太，您不用這麼激動，」托爾斯泰平靜地說：「您又沒做什麼壞事，這個硬幣是我賺來的，我得收下。」

汽笛再次長鳴，列車緩緩開動，帶走了那位惶惑不安的女士。托爾斯泰微笑著目送列車遠去，又繼續他的旅行。

這是一個典型的以寬容的心態控制自己，忍一時委屈，最終讓一切完美收場的最好例子。

有時候暫且忍耐住剛強直率的性格與對手周旋，是處世的一種良策，是寬容的昇華。相反的，若是無法忍住一時之氣，以硬碰硬，反而會讓自己吃大虧，這

麼做無論從哪方面來講都是不明智的。

想成大事的人一定要記住這一點，在開創事業的過程中以此爲鑑，學會寬容處世，謹記柔亦可克剛。

做人要懂得以退爲進之道，因爲以退爲進會帶給人進步的動力。

忍人之所不能忍需要勇氣和毅力，以及要具備良好的寬容與忍讓的心態，同時，更需要一種成事者的大家風範。

想要成就大事，這種寬容心態必不可少，唯有如此，才能在關鍵時刻顯出成大事者寬宏大度的風範，才能贏得人心，進而成就一番事業。

寬容是金，成事於「心」

能容是成大事的首要條件之一。對於別人，應該抱持更多正面的價值，鼓勵應多於責難。

有些人特別喜歡強調和注意別人身上的缺陷，們似乎以挑剔別人爲樂，並以此滿足自我。

這種情形，最常見於商業合夥時相互拆台。然而，這種尋找樂趣的方式代價太高，因爲這會漸漸抹殺一個人的寬容心。

如何才算有寬容的心呢？一則寓言做出最好的詮釋。

一位神秘的長者，有相當豐富的知識和洞悉事物的觀察能力，問他任何問題，從來不會答錯。

有一天，學校裡來了一個調皮的男孩，他把大家聚集在一起，並大言不慚地說：「我想到一個問題，這一定可以難倒那個『智者』。我抓一隻小鳥藏在手中，然後去問智者我手上的小鳥是死的還是活的，如果他回答是活的，我就立刻將手裡的小鳥捏死，丟到他腳邊。如果他說小鳥是死的，我就放開手，讓小鳥飛走。」

打定主意之後，這群孩子跑去找那位智者。

一見到智者，這個調皮的男孩子立刻問：「聰明人，你告訴我，我手裡的小鳥是死的還是活的？」

這位聰明的長者沉思了一會兒，回答說：「小男孩，這個問題的答案就掌握在你的手中。」

這就是寬容。

是否願意寬容，決定權掌握在自己手上。因爲人擁有思考的能力，可以選擇仇恨、批判或責難，也可以選擇寬容他人的錯誤和缺點，多關注他們好的一面，而不只是挑剔不好的地方。

寬容的心，簡單地說，就是接受別人原來的樣子。富有寬容心的人，大多能夠看到別人的優點，很少看到別人的缺點。

對於別人，應該抱持更多正面的價值，鼓勵應多於責難。然而奇怪的是，越來越多人似乎期望別人永不犯錯。

在他們心裡已將自己的雇員或朋友塑造成理想的完美形象，因此，只要他人一犯錯，或行爲表現不理想，他們心中那個「完美的形象」就粉碎了，他們就會感到生氣和失望，接著開始互相猜忌，自我意識愈發強烈，不爲對方著想，專挑毛病，漸漸摧毀了他們的未來。

一個人有多寬廣的心胸，便能成就多偉大的事業，便具備多大的人格魅力。成大事者就是如此，他們的心胸能納百川，能匯溪流成江海。

就好像猶太人，他們雖然兩千多年流離失所，痛失家園，但卻能成爲世界知名的商業民族，就是由於他們懂得寬容。猶太人虔誠信奉猶太教，他們對於自己的宗教

頂禮膜拜，因此猶太拉比在猶太人的觀念中是神聖且偉大的，猶太人之間發生的任何爭執，最後都交由拉比裁決。

無論拉比的裁判公平與否，猶太人都會絕對服從，不服從拉比裁決的人，將被猶太人逐出猶太社會。

猶太拉比具有如此的權威，照理說，一旦出現失誤或犯罪，猶太人應該永遠也不會原諒他們，但下面這個例子卻出乎很多人的意料。

一次，紐約破獲一起重大走私案，查出一名將鑽石藏在牙膏內夾帶走私的拉比。這種行為簡直是對猶太教的玷汙，猶太人肯定不會放過他！

然而，猶太人對這件事的反應卻極為冷淡：「拉比也是人，人難免會犯錯，有什麼好大驚小怪的。」

對於他人，猶太人總是抱持著寬容的態度。

猶太人給自己定下了六百一十三條戒律，但為了和非猶太人和平共處，僅對他們提出七條各個民族都通用的約束。

寬容是一種修養，必須要經過艱苦的修身養性才能獲得。因爲要做到眞正的寬容，就應該既寬容善美，也包容汙穢。

容，即包容、寬恕。軍事家能容，贏得士爲知己者死；商賈能容，可贏來豐厚的利潤。由此可見，能容是成大事的首要條件之一。

用寬容的心情解決問題

學習「針對事情而不是人身攻擊」，那麼就會發現，培養寬容的心態有多麼容易。

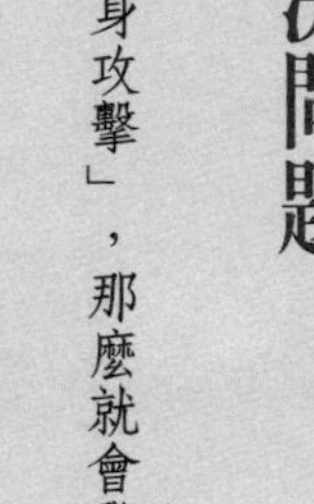

寬容的人，心態永遠是平和的，他們看世界的萬物，就像是祖母看著調皮的孫子一樣，眼神中自然流露出一種慈愛、關切，充滿著理解和體諒。

但很多人無法寬容。

在沒有包容氛圍的環境之下，人們彼此看不順眼，除了自己別人都不對，自己的所作所爲怎麼想都有理，別人的行爲簡直就像無頭蒼蠅。

於是，大家冷眼相見，雖然表面上客氣有禮，但背地裡指責嘲諷。如果在其中加點利益衝突，結果將更加難以想像，根本不用指望會有和平的場面。

一個溫暖的春天夜裡，在美國東岸的一個城市，有位年輕的學生走出公寓寄一封信。當他從郵筒走回家時，被十一個不良少年包圍，拳打腳踢狠狠揍了一頓，不幸的是，在救護車抵達現場之前，他就斷氣了。

兩天之內，員警將這十一名不良少年一一逮捕，輿論壓力呼籲司法單位必須嚴懲這些不良少年，報章媒體也希望採取最嚴厲的懲罰。

想不到後來這位死者的家長寄來一封信，他要求盡可能減輕這些少年的罪行，並成立一筆基金，作為這群孩子出獄重新生活及社會輔導的費用。

家長不願仇恨這些少年，這是內心經過激烈煎熬的結果，而且還需要有堅強的意志，才能夠寬容這些不懂事的孩子。

他們希望讓這些孩子從殘暴、粗魯、仇恨、病態的虐待性格中重生，甚至還提供金錢來幫助他們。

家長恨的是這件事，而不是人。

寬容，並不是指容忍所有錯誤的行爲以及不正常的性格，而是學習「針對事情而不是人身攻擊」，那麼就會發現，培養寬容的心態有多麼容易。

讀過莎士比亞《威尼斯商人》的讀者，可能對於裡面那位高利貸商人夏洛克記憶猶新。在文人筆下，猶太人被醜化成一個充滿仇恨，有仇必報的民族。其實，這是對猶太人的一種曲解。

長久以來，猶太人慘遭迫害乃至屠殺的歷史仍歷歷在目，但卻沒有見到任何一本控訴怨恨的文獻典籍，那是因爲猶太人不會耿耿於懷。

寬容的最高境界，不是壓抑內心的厭煩勉強忍耐，而是做到眞正的無欲無我。寬容，是眞智慧的心靈自然而然地顯現，沒有半點做作和勉強，所以老子說「上善若水」，如果一個人能像水那樣，含汙卻不失本色，甘願居卑地而處，那大概就達到了寬容的最高境界。

成就大事的人即使財物被竊，也不會去懲罰竊賊。他們關心如何取回失竊的財物，卻無意針對竊賊施予報復，因為他們很清楚那是沒有用的。

人類本是四海一家，屬於同一個整體，不能因為自己右手做事的時候割傷了左手，左手就反過來割右手以為報復。只有寬容，才能讓兩隻手緊緊握在一起，成為一個能夠掌握未來的拳頭。

容人不苛責，是極佳的美德

做人有寬容之心是品德高尚的表現。一心為他人著想，渾厚地待人，可以使自己胸懷寬闊。

德國哲學家叔本華說：「如果可以，不應該對任何人懷有怨恨的心理。」想要成大事的人，就應該具備這種心態。

林肯曾經遇到一件讓他惱火的事。

一八六三年七月，蓋茨堡戰役展開，敵方陷入絕境，林肯下令要米德將軍立刻出擊。但米德將軍遲疑不決，用盡了各種藉口拒絕出擊，結果敵軍順利逃跑了。

林肯勃然大怒，寫了一封信給米德，表達他的極度不滿。

但出人意料的是，林肯並沒有將這封信寄出去。在他去世之後，人們才在一堆文件中發現了這封信。

也許林肯設身處地思考米德將軍當時爲什麼沒有執行命令，也許他想到了米德將軍讀完信之後可能產生的反應，米德可能會與林肯辯論，也可能會在氣憤之下離開軍隊。既然木已成舟，那麼把信寄出，除了使自己一時痛快以外，還有什麼作用呢？

做人有寬容之心是品德高尚的表現，這一點毋庸置疑。但見到別人做了不好的事，卻還替他掩飾，這似乎就與人們習慣的處世原則相牴觸了。

明朝文人呂坤認爲這樣渾厚地待人，可以使自己胸懷寬闊。當然有人會懷疑呂坤的說法，但這卻是做人的一種大智慧。

南宋有一個叫沈道虔的人，家中有一個種蘿蔔的菜園。這天，沈道虔從外面回家，發現有人正在偷拔他家的蘿蔔，便趕緊迴避，等那人離開以後他才出來。

又有一次，有人拔他屋後的竹筍，沈道虔請僕人對拔竹筍的人說：「這筍留著可以長成竹林。你不用拔它，我家主人會送你更好的。」

沈道虔便派人買了品質很好的筍子送到了那人家裡。

沈道虔家貧，經常帶著家中的孩子到田裡拾麥穗。偶爾遇到拾麥穗的人相互爭搶麥穗，他就把自己拾到的全部分給爭搶的人，這讓爭搶的人非常慚愧。

曹操的曾祖父曹節也以仁厚著稱於鄉里。

一次，鄰居家的豬走失了，認為自己的豬跟曹節家的豬長得一模一樣，於是就到曹家，說那是他家的豬。

曹節也不與他爭辯，把豬給了鄰居。

後來，鄰居家的豬找到了，這才知道自己搞錯了，就把曹節家的豬送了回來，連連道歉。曹節只是笑笑，並不責怪鄰居。

這幾則故事裡的人，都為「別人不好之處」掩藏了幾分。沈道虔和曹節表面看來，無是無非，甚至顯得窩囊懦弱，但實際上，卻顯出他們寬大厚道的為人。

偷蘿蔔、拔竹筍、爭麥穗都是不好的行為，但這是人窮家貧的無奈，何必深責？替他人掩藏幾分，反倒能使他人自慚改過。

鄰居錯認豬，儘管有自私的一面，但走失豬隻對一般農人家而言，畢竟是項大損失，情急之下錯認，也可以理解。

他們都能一心為他人著想，寧可自己吃虧，這正是胸襟寬闊、與人為善的最佳展現。

學會寬容，更要懂得尊重

尖銳的批評和攻擊，所得的效果都是〇。批評就像家鴿，最後總會飛回家裡。

一個成大事的人總是能寬容別人的過錯，從不輕易責備別人，從不勉強別人一定要扮演自己心目中完美的角色。

前美國總統林肯年輕時非常喜歡評論是非，還常常寫信作詩諷刺別人，並常把寫好的信丟在鄉間路上，使當事人容易發現。後來發生了一件事，徹底改變了他這種喜歡斥責人的習慣。

一八四二年秋天，林肯又寫文章諷刺一位政客。文章在報上刊出之後，那位政客怒不可遏，下戰書要求與林肯決鬥。林肯不喜歡決鬥，但迫於情勢和為了維護名譽只好接受挑戰。

到了約定的日期，二人在河邊見面，一場你死我活的決鬥就要展開。幸好在最後一刻有人出面阻止，悲劇才未發生。

這是林肯一生中最為深刻的一次教訓，讓他懂得任性抨擊他人會帶來怎樣的後果。從此，他學會了在與人相處時，不再為任何事輕易責備他人。

過於嚴厲地責備他人，會使對方產生怨恨，這就是自己的一大過錯。只責備自己，不責備他人，是遠離怨恨的方法；只相信自己，不相信別人，這樣做一定會把事情搞砸。

不妨檢討一下自己，是否也有這種喜歡責備別人的毛病？

交代下去的工作任務沒有做好，你很可能不是積極地向下屬詢問原因，研究解決對策，而是指責下屬：「你怎麼搞的？怎麼這麼笨？」

這時，你有沒有想過下屬會有什麼反應？他可能什麼也不說，但在內心卻覺得你不近人情，繼而萌生怨恨之意。

這樣一來，你今後與他相處時，總會感覺到不自在。

再如，你與人合夥做生意，關於一批貨到底要不要進，你們遲遲無法達成共識。最後，你聽從了對方的意見，進了這批貨，結果慘賠。這時，你如果一味抱怨對方，那結局肯定就是二個人拆夥。

有個幽默的小故事這麼說：這天丈夫回到家，發現屋子裡亂七八糟，到處是亂扔的玩具和衣服，廚房裡堆滿碗碟，桌上都是灰塵……他覺得很奇怪，就問妻子：「發生什麼事了？」

妻子回答：「平日你一回到家，就皺著眉頭對我說：『一整天妳都在做什麼？』所以，今天我就什麼都沒做。」

指責實在不是一種好習慣，它不僅傷害別人也傷害自己，別人不舒服，自己也同樣不會覺得舒服。

另一個比較極端的例子是《三國演義》裡的故事。

張飛聞知關羽被東吳所害，下令三日內制辦白旗白甲，三軍掛孝伐吳。次日，帳下兩員末將范疆、張達報告張飛，三日內要辦白旗白甲有點困難，須寬限幾日。張飛大怒，讓武士將二人綁在樹上，各鞭五十，打得二人奄奄一息。張飛指著兩個人說：「一定要如期做完，不然就殺了你們示眾。」范疆、張達受此刑責，心生仇恨，便於當天夜裡，趁著張飛大醉在床，以短刀刺入張飛腹中。

張飛大叫一聲而亡，時年五十五歲。

「只有不夠聰明的人，才會批評、指責和抱怨別人。」卡內基說：「尖銳的批評和攻擊，所得的效果都是〇。批評就像家鴿，最後總會飛回家裡。我們想指責或糾正的對象，他們會為自己辯解，甚至反過來攻擊我們。」

這裡所謂的不要指責他人，並不是要我們放棄必要的批評，而是要抱持著尊重他人的態度，以對方能夠接受的方式來批評，如此才具有正面的效果。

有一家工廠的老闆，某天巡視廠房，正好看到幾個工人躲在庫房裡抽煙。庫房是嚴禁吸煙的場所，他並沒有立刻怒氣沖沖地對工人說：「你們難道不識字嗎?沒有看見禁止吸煙的牌子嗎？」而是稍停了一下，掏出自己的煙盒，拿出煙給工人們說：「試試我的煙吧，不過，如果你們能到屋子外去抽的話，我會非常感激的。」

工人們不好意思地拈熄了手中的煙。

有些人喜歡責備他人，常常是爲了表現自己的高人一等。有時，也有推卸責任的目的。古人嘗言：「但責己，不責人。」就是要我們更謙虛，嚴以律己、寬以待人，這對我們只有好處，沒有壞處。

《三國演義》中馬謖輕敵失了街亭，害得蜀兵大敗，諸葛亮無奈演了一場空城計，才總算騙退敵軍。回到軍中，諸葛亮為了明正軍律，揮淚斬了馬謖。

對於此次失敗，諸葛亮並沒有處理了馬謖就了事，而是深深自責沒有聽劉備生前所說的話：「馬謖言過其實，不可大用。」他自呈表文給後主，請自貶丞相之職，並要求屬下「勤政吾之闕，責吾之短」。

諸葛亮的為人，值得我們學習。

下次當你又想責備別人的過錯時，請馬上閉緊自己的嘴，在心裡對自己說：「看，壞毛病又來了！」

這樣一來，你就可以逐漸改掉喜歡責備人的壞習慣。

學會寬容和尊重別人，才能更好地與人相處，與人共事。

寬容，讓人際關係更穩定

寬容，意味著理解和通融，是融合人際關係的催化劑，是友誼之橋的緊固劑，寬容還能將敵意化解為友誼。

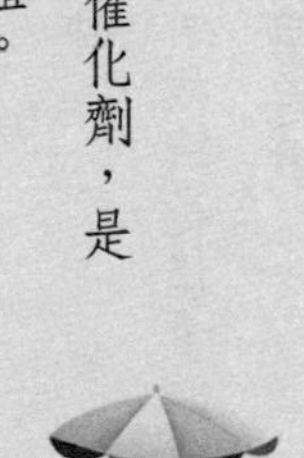

有時，在與人交往的過程當中，我們需要做的是安慰別人、體諒別人，而不是標榜自己。爲了避免彼此產生衝突，讓氣氛更加和諧，自己忍受一些誤解，又有什麼關係呢？

美國人麥當斯講了自己的一個親身經歷。

上星期六，我鬧了一個笑話。我到紐約買耶誕節禮物和大學的專業課本，那天我搭早班車到紐約，中午剛過就把要買的東西都買好了。

我不怎麼喜歡待在紐約，太嘈雜，交通也太擁擠，此外，那天晚上我還有其他安排，於是我搭計程車到車站。

但很不巧，我碰上大塞車，到火車站時那班車剛好開走，只好再等一個小時。

我買了一份報紙，漫步走進車站的餐廳。在一天當中的這個時候，餐廳裡幾乎空無一人，我點了一杯咖啡和一包餅乾，挑了一個靠窗的位子坐下來開始做報上登的填字遊戲。

過了幾分鐘，一個人在我對面坐了下來，這個人除了個子很高之外，沒有什麼特別的地方，樣子很像一個典型的生意人。我沒有說話，繼續邊喝咖啡邊玩我的填字遊戲。

突然他伸過手來，打開餅乾，拿了一塊在他咖啡裡蘸了一下就送進嘴裡。

我簡直難以相信自己的眼睛，吃驚得說不出話來。

不過，我也不想大驚小怪，於是決定不予理會。我總是儘量避免惹麻煩。我也就拿了一塊餅乾，喝了一口咖啡，再繼續做我的填字遊戲。

這人拿第二塊餅乾時，我既沒抬頭也沒吭聲，假裝對遊戲很感興趣。過了幾分鐘我不在意地伸出手去，拿了最後一塊餅乾，並瞥了這人一眼，但我看到他正對我怒目而視。

我有點緊張地把餅乾放進嘴裡，決定離開，正當我準備起身的時候，那人突然把椅子往後一推，站起來走了。

我感到如釋重負，準備等幾分鐘再走。

我喝完咖啡，折好報紙站起來。這時，我突然發現，桌上原來放報紙的地方擺著我自己買的那包餅乾。

那一刻時，我想起了那雙怒視的眼神和一個寬容的心。

戴爾·卡內基在電台訪問中介紹《小婦人》的作者時，心不在焉地說錯了區域位置。一位聽眾就氣憤地寫信到電台，把他罵得體無完膚。

他真想回信告訴她：「雖然我把區域位置說錯了，但從來沒有見過像妳這麼粗魯無禮的女人。」但是，他控制了自己的情緒，沒有回擊，他鼓勵自己應該將敵意化解為友誼。

他自問：「如果我是她，可能也會像她一樣憤怒。」他儘量站在她的立場上來思索這件事情，並打了個電話給她，再三向她承認錯誤並表達歉意。

這位太太終於釋懷，並表示了對他的敬佩。

寬容，意味著理解和通融，是融合人際關係的催化劑，是友誼之橋的緊固劑，寬容還能將敵意化解爲友誼。

在任何在沒有根據的情況下隨便猜疑他人，只說明我們缺乏對他人最基本的信任，缺乏仁愛渾厚、與人爲善的寬大胸懷。

做人原來是很簡單的事情，但由於互相猜忌，把原本簡單明瞭的問題變得複雜。只要多一點寬厚之心，就能夠緩解人與人之間的矛盾，何樂而不爲呢？

懷有感激之情，開創更多機遇

寬容是成大事者必備的良好心態之一。寬容可以在一個人的危難之時給予幫助，在一個企業的困境前夕給予援助。

懂得寬容，對方才會心存感激之情，才會有「湧泉相報」的結果。正因爲這一點，使許多成大事的在「滴水之恩」和「湧泉相報」上大展才華。

華人首富李嘉誠就是一個這樣的人。

小時候，李嘉誠還只是個茶樓跑堂的夥計，那時每天都要工作十幾個小時，可以說天天處於疲乏的狀態之中。聽茶客聊天成了李嘉誠排困解乏的最佳療法，然而，有一天卻發生了意外。

那天，一位茶客坐在桌旁侃侃而談，大談生意經，那些經商過程中的鬥智鬥勇、爾虞我詐，令李嘉誠大開眼界，他覺得做生意很神奇也很刺激。李嘉誠一時聽得入了迷，竟忘了自己手上的工作，沒有及時為客人加水。

這時，一位夥計看到李嘉誠如癡如醉的樣子，客人的杯子早空了，便大聲喚他。李嘉誠這才回過神來，慌慌張張地拿起茶壺為客人沖開水。但由於動作匆忙，他一不小心把開水淋到茶客的褲子上。

這下把李嘉誠嚇壞了，呆呆地站在那裡，不知該如何向這位茶客賠不是。茶客是茶樓的衣食父母，是堂倌侍候的大爺，如果遇上蠻橫的茶客，必定會甩他幾個耳光，而且還要找老闆鬧個不休。

李嘉誠知道自己闖下大禍，真不敢想像會有什麼樣的厄運降臨到自己身上。

李嘉誠已經做好了受罰的心理準備，老闆也跑了過來，正要對李嘉誠開罵，想不到這位茶客說：「是我不小心碰到他，不怪這位小師傅。」

茶客為李嘉誠開脫，老闆當然樂得順水推舟，也就不再多說什麼，只是恭恭敬

敬地向茶客連聲道歉。

茶客又坐了一會兒就離開了，李嘉誠愣愣地回想著剛剛發生的事，依然心有餘悸，暗自慶幸自己遇上好人。

事後，老闆對李嘉誠說：「我知道是你把水淋到客人的腿上，以後做事千萬要更加小心，萬一有什麼閃失，趕快向客人道歉，也許就能大事化小。」

回到家，李嘉誠把這件事情說給母親聽，母親感嘆不已，覺得兒子確實很幸運。她說：「菩薩保佑，客人和老闆都是好人。」她又告誡兒子：「種瓜得瓜，種豆得豆，積善必有善報，作惡必有惡報。」

李嘉誠對母親的告誡謹記在心，他滿心感激那位好心的茶客，也感激老闆對自己的寬容。

其實，李嘉誠之所以能逃過這一劫絕非僥倖，這是他平日積善得善報的結果。由於他平時真誠待人，刻苦耐勞，顧客和老闆都看在眼裡，自然不願爲難他。

如果是一個懶惰不負責的夥計，客人也許早就看他不順眼，老闆也對他心懷不滿，那麼，即使沒闖禍，飯碗也不一定保得住，如果再鬧出點事，還會有什麼好結果嗎？

所以，從某種意義上說，李嘉誠是自己拯救了自己，是用自己一貫誠實勤勞的作風度過這次險境。

但是，李嘉誠後來依然對那位好心的茶客念念不忘。他多年以後曾對別人說：「這雖然是件小事，在我看來卻是大事。如果我還能找到那位客人，一定要讓他安度晚年，以報他的大恩大德。」

李嘉誠從小便從父母那裡接受「以和爲貴」、「和氣生財」等處世之道，但那時他並不能完全領會其中的眞正含義。這一次的危機才讓他眞正體會到這些品德的重要。

後來，李嘉誠始終信奉「以和爲貴」、「積德行善」寬容的做人準則，這也爲他的事業發展開闢了道路。

李嘉誠曾在五金廠當過推銷員，跳出五金廠後，仍十分感激五金廠老闆的知遇之恩。儘管他為老闆立了不少功勞，但他依然是心懷愧疚之情。

李嘉誠知恩圖報，就像當年他離開舅父的中南鐘錶公司一樣，也向五金廠的老闆提出了自己的看法。

他認為，辦企業重要的是審時度勢。五金廠想要有所發展，有兩條路可以選擇，第一，轉行做前景看好的行業；第二，調整產品門類，儘量避免與塑膠製品衝突，佔領塑膠製品不能替代的空隙。

但是，五金廠老闆在李嘉誠離開之後，並沒有聽從李嘉誠的建議，仍然堅持生產鐵桶。不久之後果然爆發危機，五金廠奄奄一息，瀕臨倒閉。

李嘉誠是個重情重義的人，當他獲知這項不幸的消息之後，立刻趕往五金廠力勸老闆停止生產鍍鋅鐵桶，轉為生產鐵鎖。

原來，李嘉誠一直在留意五金廠的發展。一來他想證實自己的眼光是否正確；二來他深知五金廠對自己不薄，自己跳了槽，老闆對自己也很寬容，心中感到相當歉疚，總想找個機會報答。因此，他經常抽空瞭解五金製品的市場行情。經過一番調查分析之後，他發現還沒有任何一家五金廠專門生產鐵鎖，現在投入，便不存在同業競爭。

李嘉誠堅信，生產鐵鎖保證暢銷。

李嘉誠進一步指出，為了穩步領先，還應制定計劃，開發出系列鐵鎖。否則，只要一被其他人發現有利可圖，其他五金廠就會相繼竄出，競爭將會非常激烈。只有永遠快人一步推出新產品，才能穩操勝券。

這一次，五金廠老闆對李嘉誠言聽計從，馬上根據李嘉誠的建議開發系列鐵鎖。一年後，危機重重的五金廠果然煥發了勃勃生機，盈利豐厚。這雖然與整個行業的變化形勢有關，但李嘉誠的一番忠告可以說起了關鍵作用。

李嘉誠是個充滿感激之心的人，他感恩的對象甚至包括他所雇用的工人。寬容可以在一個人的危難之時給予幫助，也能夠在一個企業的困境前夕給予援助。

由此可見，寬容是成大事的人必備的良好心態之一，唯有做好心態上的調整，才能順利迎接即將到來的成功機會。

樂於忘記，才能向前邁進

「生氣是用別人的過錯來懲罰自己。」老是「念念不忘」別人的「壞處」，實際上最受其害的是自己的心靈。

樂於忘記，著眼未來，把精力放在做大事上。

古人云：「人之有德於我，不可忘也；吾有德於人，不可不忘也。」

這句話的意思是：別人對我們的幫助，千萬不能忘記，反之，別人倘若有愧於我們的地方，應該樂於忘記。

從前有個富翁，有三個兒子，在他年事已高的時候，決定把自己的財產全部留給三個兒子其中一個。可是，到底要把財產留給哪一個兒子呢？富翁想出一個辦法。他要三個兒子都花一年時間遊歷世界，回來之後看誰能做到最高尚的事情，誰就是財產的繼承者。

一年之後，三個兒子陸續回到家裡，富翁要三個人都講一講自己的經歷。

大兒子得意地說：「我旅行到一個貧窮落後的村落時，看到一個可憐的小乞丐不幸掉到湖裡了，我立即把他從河裡救了起來，並留給他一筆錢。」

二兒子自信地說：「我在遊歷世界的時候，遇到一個陌生人，他十分信任我，把一袋金幣交給我保管，可是那個人卻意外去世了，我把那袋金幣原封不動地還給他的家人。」

三兒子猶豫地說：「我沒有遇到兩個哥哥碰到的那種事，我在旅行的時候遇到一個人，他很想得到我的錢袋，一路上千方百計地害我，我差點死在他手上。有天我經過懸崖邊，看到那個人正在懸崖邊的一棵樹下睡覺，當時我只要一抬腳就可以輕鬆地把他踢下懸崖。但我想了想，覺得不能這麼做，正打算走，又擔心他一翻身掉下懸崖，就叫醒了他，然後繼續趕路。這實在算不了什麼有意義的經歷。」

富翁聽完三個兒子的話，點了點頭說：「誠實、見義勇為都是一個人應有的品格，稱不上是高尚。有機會報仇卻放棄，反而幫助自己的仇人脫離危險的寬容之心才是最高尚的。我的全部財產都是老三的。」

有一句名言：「生氣是用別人的過錯來懲罰自己。」老是「念念不忘」別人的「壞處」，實際上最受其害的是自己的心靈，何必讓自己痛苦不堪？這種人，輕則自我折磨，重則可能產生瘋狂的報復行爲。

樂於忘記是成大事必備的心態。既往不咎的人，才能夠甩掉沉重的包袱，大步朝著成功前進。

7.

能力不夠，就要合作

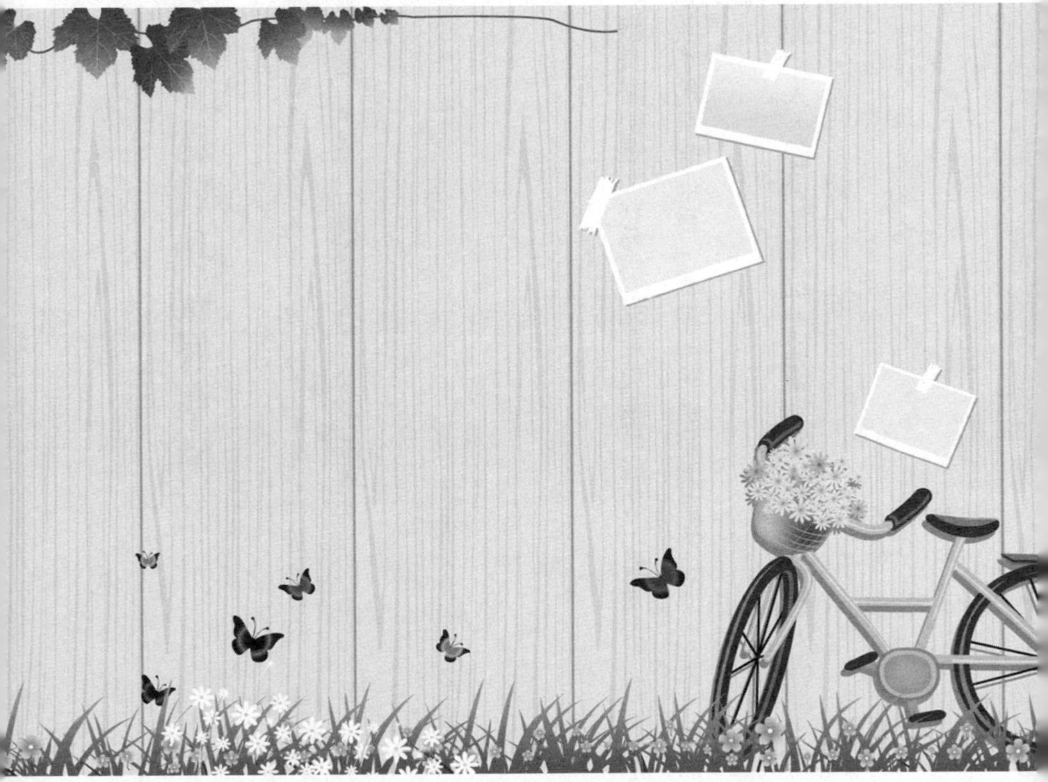

人不是全能，所以要與人合作，
只有善於與人合作，才能彌補自己的不足，
讓合作的雙方都能從中受益。

激勵自我，爲成功做好準備

自我激勵是創造成功極為重要的一環。事先做好萬全的心理準備，接下來就是一鼓作氣朝著成功之路邁進。

美國一名機長愛德華．瑟聖巴克是美國最成功、最受人尊敬的人之一。

人們總是親切地稱呼他爲「愛地」，這是因爲他是個忠誠、正直、勤勉和通情達理的模範。

那些見過他本人、聽過他演說，或讀過他寫的書《七人得救》的人，每個人都更加景仰他。

有一次，愛德華駕駛的飛機墜落到太平洋上。第一周，人們沒有找到飛機殘骸和人的蹤跡。第二周也沒有。

但是，到了第二十一天，機長愛德華等人生還的消息震驚了全世界。

想像一下，愛德華和他的機組成員，困在漂浮於太平洋上的三個木筏裡，除了大海和天空以外什麼都沒有，那是怎麼樣的一種情景：他們在飛機墜入大海時所受到的震撼、驚嚇、恐慌，二十天遭受的烈日和饑餓……

愛德華在他的書中提到這段奇特經歷時，是這樣描述的：「正像我所講過的，我一直沒有失去我們會得救的信心，但是別人卻好像並不能與我一起擁有這樣的信心。我的幾位夥伴開始考慮過世之後的事情，並依據他們各自的生活方式來安排這些問題。真的，我在任何時候都沒有懷疑過我們會得救。我力圖把自己的哲學分享給這些夥伴，希望我的樂觀能鼓舞他們堅持下去。這是如此簡單的經驗：在嚴酷的環境當中，我受苦越久，就越加確信我會得到援救。這是從年長者身上獲得的智慧。」

拿破崙．希爾所寫的成功學經典《思考致富》一書裡，首次闡明六個自我激勵的步驟，它們依次是：

- 要在心裡確定自己希望擁有的財富地位。
- 做出切合實際情況的考慮，你將會付出哪些努力與多少代價換取自己希望擁有的財富。
- 訂立一個日期，務必在這個日期之前把你想得到的錢賺到手。
- 擬定一個實現理想的可行性方案，並立即實施。
- 將以上四點明確地寫下來。
- 大聲朗誦你定下來的計劃。

以上這六個步驟，表面上看來似乎非常簡單，成功學專家拿破崙．希爾博士一再告誡想要成功的人：「對一些沒有接受過嚴格心靈鍛鍊的人來說，上述六個步驟是『行不通』的……但無論如何都必須記住，將這些步驟傳下來的人絕非沒有完善意識和成功勇氣的平庸之輩，而是世界上經濟和政治領域中頗爲成功的傑出人士。」

希爾還說：「要是知道這六個步驟是經過已故的湯瑪斯．愛迪生詳細審查並認可的，你可能會產生更大的信心。愛迪生終生實踐這六大步驟，他很清楚這些步驟不僅是致富的重要途徑，更是讓一個人達到任何目標的成功之路。」

愛迪生曾經寫信稱讚拿破崙．希爾，在信中這麼說：「我感謝您花了這麼長的時間和這麼大精力去寫成功學……這是一個很完善的哲學……學習它的人將會獲得很大收益。」

自我激勵是創造成功極爲重要的一環。汲收名人們的成功經驗，將能夠激起我們前進的動力。只要事先做好萬全的心理準備，接下來，就是確實地執行自己訂下的計劃，一鼓作氣朝著成功之路邁進。

人生不如意十之有八九，想要成就一番事業，就不能害怕挫折。擁有希望可以激勵鬥志，進而迎接挑戰，身經百戰的將士終能獲得成功的果實。

相互合作讓成功更有把握

幫助別人成功，是追求個人成功最保險的一種方式。一個能夠為別人付出時間和心力的人，才是真正富足的人。

「一加一等於二」在數學原理上是正確的，但在實際生活中卻不一定也符合這種概念，有時一加一能夠大於二，爲什麼呢？

大凡在事業上成功的人都屬後者。成大事的人善於合作，因爲他們明白兩個拳頭和一個拳頭的作用是不同的，如果他想領導一個企業朝著明確的目標前進，他就會建立一支有效的隊伍做爲後盾。

成功的人往往善於合作，因爲他們知道一個人是無法生存在孤島上的。所以，他們的結論是：一個人想要取得成功，就必須學會與別人一起工作，並且能夠與別人合作。

一個人的能力是有限的，不與人合作就難以把事業做大。成就大事的善於合作，以求借勢發揮，成就自己的事業。

一個人在獲得成功之前，必須得到人們的尊敬，否則就無法贏得別人的合作。鋒利的言辭、冷漠地對待他人的權利和情感、有意無意表現出來的怪癖，所有這些都將使這個人很難得到人們的尊敬。

團隊的合作不能靠命令來維護。人們在合作完成任務時，如果僅僅是因爲害怕，或者出於經濟上的不安全感，那麼，這種合作通常不會令人滿意。

因爲，這種做法忽略了合作的精神——心甘情願的合作態度，正是這種精神對企業的成敗有著重要的影響。

人們都希望獲得賞識，希望被認爲他們正在做的工作是很有價值的，是值得花時間和精力去做的，他們所做的事情，對他們的人生旅程非常重要，是給予他們與其才能相稱的、有意義的工作，並且承認和肯定他們邁出的每一步。你的工作要得到別人的支持而不是反對，必須喚起別人合作的願望，使他們直接或間接地看到自己的利益。

每一個事業有成的人，在成功的道路上，都曾經得到許多幫助。因此，我們應該把幫助別人作爲報答，這是公平的遊戲規則。

歷史上有很多獲得偉大成功的人，都是因爲受到一個心愛的人或一個眞誠的朋友鼓勵才完成大事業。

例如，如果沒有一個自信十足的妻子蘇菲亞，我們也許在偉大的文學家中就找不到霍桑的名字了。

當霍桑傷心地回家告訴妻子，他在海關的工作丟了、他是一個失敗者時，蘇菲亞卻很高興地說：「現在，你可以寫你的書了！」

「雖然如此，」霍桑說：「可是我寫作時，我們該如何維持生活？」

她打開抽屜，拿出一疊錢來。

「錢從哪裡來的？」他嚷道。

「我知道你是天才，」她回答道：「我知道有朝一日你會寫出一本名著，所以我每週從家用中節省下一筆錢，這些錢夠我們用上一年。」

由於她的自信，美國文學史上最偉大的一本小說《紅字》誕生了。

如果一個人的成就讓你感到其中也有自己付出的一份心力，你便能說：「是我讓他有今天的。」這將是你最值得驕傲的事情。

幫助別人不僅能夠利人，同時也能提升自身生命的價值，不論對方是否接受你的幫助，或者是否感激你。

試想，如果每個人都能夠幫助人，世界將變得多麼和諧與美好！

幫助別人成功，是追求個人成功最保險的一種方式。每個人都有能力幫助別人，一個能夠爲別人付出時間和心力的人，才是眞正充滿自信而且富足的人。

站在他人立場，理解對方看法

站在對方的立場去觀察事情，對於一切狀況都能事先做好準備、從容應對，可以選擇伸出理解的雙手，或是防範對方使出惡招。

成大事者都會站在對方的立場看問題，他們寧願在某些方面少得益處，也要讓對方滿意，他們把這點視爲成功的人生信念。失敗者之所以失敗，就是因爲他們從來都不懂得站在對方的立場看事情。

人們在交往溝通時，總會產生許多分歧。松下電器公司創辦人松下幸之助也同樣面臨這個狀況。

他希望能縮短與對方溝通的時間，提高會談的效率，但狀況卻往往因爲雙方存在不同意見而浪費大量時間。

從這些交易、協商的過程當中，他總結出一項重要的處世經驗——站在對方的立場看問題。

使他明白這個道理的是一個「犯人的權利」的故事。

某個犯人被單獨囚禁，獄方拿走了他的鞋帶和腰帶，這麼做是不想讓他傷害自己。這個囚犯用左手提著褲子，在單人牢房裡無精打采地走來走去。

他之所以提著褲子，不僅是因為他沒有腰帶，也因為他瘦了十五磅。從鐵門下面塞進來的食物盡是些殘羹剩飯，他拒絕進食。他用手摸了摸自己的肋骨，他嗅到萬寶路香煙的味道，他喜歡這個牌子。

透過門上一個很小的窗子，他看到走廊上那個孤獨的衛兵深深地吸了一口煙，然後再緩緩地吐了出來。這個囚犯很想要抽根煙，所以他用右手指關節客氣地敲了敲牢門。

衛兵慢慢地走過來，傲慢地哼道：「想要什麼？」

犯人結結巴巴回答：「對不起，請給我一支煙，就是你抽的萬寶路。」

衛兵認為囚犯沒有這個權利，所以他只是嘲弄地哼了一聲，就轉身走開了。

這個囚犯卻不這麼看待自己的處境，他認為自己擁有這項權利，他也願意冒險檢驗自己的判斷，所以他再次用右手指關節敲了敲牢門。這一次，他決定要改變應對的態度。

那個衛兵這次甚至沒有起身，坐在椅子上緩緩吐出一口煙霧，惱怒地扭過頭，問道：「你又想要什麼？」

囚犯回答：「對不起，請你在三十秒之內給我一支煙。否則我就用頭撞混凝土牆，直到自己血肉模糊失去知覺為止。如果我還能醒過來，我會發誓說這是你幹的。當然，他們絕不會相信我。但是，想想你必須出席每一次聽證會，你必須向每一個委員證明自己是無辜的；想一想你必須填寫一式三份的報告；想一想你將捲入的事件吧，都只是因為你拒絕給我一支劣質的萬寶路！就一支煙，我保證不再給你添麻煩。」

衛兵會從小窗裡塞給他一支煙嗎？

當然給了。他替囚犯點煙了嗎？

當然點了。爲什麼呢？

因爲，這個衛兵知道事情的得失利弊。

這個囚犯看穿了士兵的立場和禁忌，或者稱之爲弱點，因此達到自己的要求——獲得一支香煙。

松下幸之助立刻聯想到自己：如果我站在對方的立場看問題，不就可以知道他們在想些什麼、想要得到什麼、不想失去什麼了嗎？

他終於從中領悟到這個道理，憑藉著這項哲學，他與合作夥伴的談判過程十分順利，人人都願意與他合作，也願意做他的朋友。

松下電器公司能在一個連小學沒讀完的農村少年手上，迅速成長爲世界著名的大公司，就與這條人生哲學有很大關係。

僅僅轉變一下觀念，學會站在對方的立場，松下立刻獲得一種快樂——發現一項眞理的快樂。

後來，他把這項經驗教給松下的每一個員工。

成大事者的成功法則很簡單：站在對方的立場看問題。

對於圍棋高手來說，對方的好點就是我方的好點，一旦知道對方接下來出什麼招，就勝券在握了。

站在對方的立場考慮問題，你會發現自己變成別人肚子裡的蛔蟲，他所思所想、所喜所忌，都逃不過你的眼睛。

站在對方的立場去觀察事情，就能拉近雙方的距離，弭平彼此的矛盾，對於一切狀況都能事先做好準備、從容應對，可以選擇伸出理解的雙手，或是防範對方使出惡招。

了解對方觀點，就能抓到重點

從他人的觀點著想，從他人的角度看待問題，就能引導你找出更容易成功的行動。

每天都有成千上萬的推銷員在大街上奔波，他們疲憊不堪，垂頭喪氣，徒勞往返。爲什麼呢？因爲他們總是只想自己所想的，並沒意識到別人有時候並不想買任何東西。

他們忽略了一個重要的觀念：人往往只對解決自己的問題感興趣。

如果推銷員們能夠向顧客表明他們的服務或商品將如何幫助顧客解決問題，就不必一直向顧客兜售了，顧客將會主動去購買。因爲，人們往往喜歡自己選購東西，而不願意受到別人的說服才購買。但許多推銷員不了解這一點，耗費畢生的時間兜售商品，卻從來不曾從顧客的角度看待事物。

文．揚，是一位著名的美國律師，同時也是大企業的巨頭之一，他曾經指出：「那些能夠設身處地為他人著想、懂得他人心理活動的人，從來不需要為前途未卜而憂心忡忡。」

想要成功推銷產品，就要學會從他人的觀點著想，從他人的角度看待問題。卡內基認爲，要使對方依照「你希望的方式」去做，就應該跟那些你想去影響的人交換意見。

嬌恩女士的失敗就說明了這點重要性。

嬌恩聰明漂亮，受過良好的教育，大學畢業後，在一家「平價百貨公司」的成衣部擔任助理採購員。她的師長在介紹信裡給她的評價很高，說她有野心、天分與熱忱，一定會成功。

但是，嬌恩並沒有取得輝煌的成就，她只做了八個月就改行了。有人問她的上司：「到底是怎麼回事？」

「嬌恩確實是個好女孩，工作認真，個性又好。」上司說：「但是，她犯了一個很大的錯誤。」

「是什麼？」

「她總是採購她自己喜歡、顧客卻不喜歡的東西。她根據自己的好惡來決定樣式、顏色、質料和價錢，而不是針對專程前來的顧客所喜歡的標準選購。當我提醒她有些貨品可能不合顧客的胃口時，她就說：『他們一定會喜歡的，那還用說嗎？連我自己都喜歡呢，它一定會很暢銷。』」

嬌恩女士的家庭環境很好，她的教養使她很講究生活品質。她無法以中低收入民眾的眼光來評論服裝的好壞，所以她賣的東西都不適合平價消費群。

這個例子的要點是：讓別人替你做那些「你要他們爲你做」的事情時，必須站在他們的立場，用他們的眼光來看。

當你徵求別人的意見時，從「如何影響別人」的奧秘就可以看出來。

有個年輕主管曾講述這個技巧是多麼有用：「我在一家服裝店擔任經理助理時，負責處理向逾期不付款的客戶催收信件。他們原有的催收函內容措辭強硬，甚至帶點恐嚇的意味，使人不敢恭維。我一面看，一面想：『老天爺，假使有人寄這種信給我，我看了不發瘋才怪！我絕對不付這筆錢。』所以，我修改了信件內容，結果眞的很管用。我站在顧客的立場，居然就使我們的催收業績達到破紀錄的水準。」

隨時記著思考這個問題：「如果我和對方易地而處，對於這件事我有什麼看法？」

這樣一來，就能引導你找出更容易成功的行動。

用那些你想去影響的人的眼光來看問題，是在任何情況下都可以採用的思考原則，這將能夠大幅提升成功的機會。

能力不夠，就要合作

人不是全能，所以要與人合作，只有善於與人合作，才能彌補自己的不足，讓合作的雙方都能從中受益。

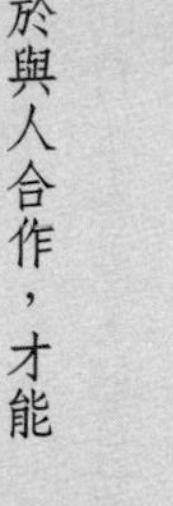

現代社會中，經濟迅速發展，各行業各部門之間的競爭非常殘酷，單靠一個人的能力很難取得事業上的成功。然而，只要有心與人合作，取人之長，補己之短，就能取得事業的成就和創造燦爛的人生。

眞誠的合作是取得成功的最佳方法，因此，凡是成大事者，都力圖透過合作的方式完善自己。

二〇〇〇年，美國《富比士》雜誌評選出的五十位中國富豪中，其中第二十四名的張果喜，就是一個善於合作並且信守承諾的人。

張果喜素有「巧手大亨」之稱，他看準了佛龕在日本市場的潛力，就招聚公司員工進行分析，達成共識，使產品在日本市場一炮而紅，進而成為日本佛龕市場的老大哥。

公司為了經營的需要，在日本委託了代理經銷商，但一些富有商業眼光的日本商人，看到經營這種佛龕有大利可圖，為了賺到更多錢，就想跳過代理商這一關，直接從果喜實業集團進貨。

張果喜仔細地考慮了這件事情，從眼前的利益來看，直接從廠方訂貨，就能減少許多中間環節，有利於廠方的銷售，但卻會破壞與代理商之間的關係。同時，佛龕在韓國等亞洲地區也有相當大的市場潛力，如果因為這次與代理商交惡，豈不影響公司的利益嗎？

張果喜果斷地回絕了那些要求直接訂貨的日本廠商，並且把實際情況轉告給代理商，同時向他們表示，果喜實業在日本的業務全部由代理商處理，公司不會透過其他管道向日本出口佛龕。

代理商聽到這項決定之後，大受感動，在佛龕的推銷和宣傳方面下了很大的功夫，終於在日本市場打出「天下木雕第一家」的金字招牌，使張果喜公司的佛龕在日本市場上越站越穩。

一個人縱使是天才，也不是全能的。所以，一個人要想完成自己的事業，就必須善於與人合作。

但是，有些年輕人卻信奉另一種哲學。他們認爲，財富有一定的限度，如果讓別人佔去了，自己的份額就會相對減小。

這是一種享受財富的哲學，而不是一種創造財富的哲學。創造財富固然必須妥善分配，但是注意力不應集中在這裡，更應關注的是財富的創造。

同樣大的一塊蛋糕，分的人越多，每個人分到的就越少。如果斤斤計較這些，只相信享受財富的哲學，就會去爭搶食物。

但如果是在聯手製作蛋糕，那麼只要蛋糕能不斷地越做越多，就不會爲眼下所得蛋糕的大小而備感不平了。因爲我們知道，蛋糕會不斷增加，現在自己少分得一塊，以後隨時可以再彌補過來。只要聯合起來把蛋糕做大，根本不用擔心現在能不能分到蛋糕。

過去農村生活閉塞，獲取財富相當不容易，所以那時農村分家是件很困難的事情。兄弟妯娌可能會爲了一個罐子、一張凳子惡語相向，甚至大打出手。這是一種典型的分財哲學。

後來年輕人都往大城市裡跑，財富累積得越來越多，回過頭來便會發現，當初根本用不著爲了一些雞毛蒜皮的小事生氣。至於留在農村裡的孩子，長輩們也彼此幫助、相互照看，儘量解除出門在外人的後顧之憂。

於是，一種新的哲學誕生了，這種哲學就是：「你好，我也好，相互合作會更好」。

一定要記住，做事要充滿自信，但切記不可獨斷專行，萬事全包。因爲一個人的能力是有限的，只有善於與人合作的人，才能彌補自己的不足，達到自己原本達不到的目的，互惠互利，讓合作的雙方都能從中受益，攜手開創出更大的事業。

用誠摯的心態與人往來

做人應以誠為本，合作亦然。只有以誠摯的心態與人合作，才能開創大局，把事業做大。

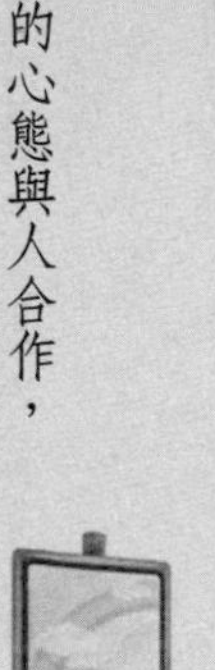

剛踏入社會的年輕人，首先必須要好好打造人際關係，養成與人合作的良好習慣，才能在事業發展中獲得他人的幫助，才能與他人攜手共創未來。

朱光潛曾告誡年輕人：「與人合作，人品是最主要的。」養成合作的心態並算不上成功，重要的是要有好的人品維繫這種心態，使之不斷完善和提升。

廣泛地結交朋友，借助他人的力量獲取自己所需的資訊或幫助，也是讓事業成功的重要手段，這就需要藉著感情的投資與眞誠的合作心態。

在資本社會中，人們總是會認爲「商場無情」，總是充滿著你死我活、爾虞我詐的鬥爭。

實際上並非如此，人是感情的動物，感情是無可替代的，只要在社會上廣交朋友，善於用「情」，你就會獲得出人意料的驚喜，取得意想不到的收穫。

亞麗是某工廠的一名離職員工，丈夫工作的工廠也由於經濟不景氣，每個月只能發兩萬元薪水，然而他們家裡卻還有兩個正在求學的孩子，一家人的日子過得非常艱難。

為了解決生活上的經濟困境，亞麗和丈夫籌了幾萬塊，在附近新成立的市場租了一個攤子準備賣菜。夫妻倆為了這個新事業忙得不可開交，一開始就有了相當不錯的收益。

然而，好景不常。由於新市場的位置太偏僻，人們買菜不願跑那麼遠，於是菜市場慢慢沒落了，有時候一天連一斤菜也賣不出去，亞麗決定第二天就收攤，不再賣菜了。

隔天打烊前，有個皮膚黝黑的中年人踱到攤子前，買了五斤蕃茄讓亞麗包裝好

說待會兒再來拿。但他卻一直都沒有來，亞麗一直守著攤子什麼也沒賣，一連等了五天這個人才來。亞麗趕忙要把蕃茄給他，但那些蕃茄全都爛了，於是亞麗拿出口袋裡僅有的一百元，去附近買了五斤蕃茄交給中年人。

中年人看著亞麗和空蕩蕩的菜攤，好像明白了什麼，輕輕地問：「這幾天妳一直在等我？」亞麗點了點頭。

中年人略略思索，掏出紙筆寫下一個地址，然後遞給亞麗說：「我是附近工廠的主廚，妳以後就每天就把菜送到這個工廠吧！」

從此，李亞麗每天就按時為工廠送菜，擺脫了家中的經濟困境。

做人應以誠爲本，合作亦然。唯有眞誠才能贏得別人的信賴。

與人交往是人的一種本能，與人合作又是快樂的泉源，把它融入生活當中，建立良好的社會關係，在合作中體驗成功的快樂，展現良好的品格。

由此可見，想成就大事，就不能摒棄合作，只有以誠摯的心態與人合作，才能開創大局，把事業做大。

符合志趣工作才會有趣

世上最大的浪費，就是大多數人正在從事不適合自己個性的工作。從事與自己個性相契合的工作，才會全心全意做好它。

人的能力有限，即使是自認爲精力無比旺盛的人，個人的能力還是有一定的限度，一旦超過這個限度，就無能爲力。這個時候，合作就更顯重要。而且，每個人的專長往往與其他人不同，所以更需要透過合作來相互彌補。

每個人都有自己的長處，同時也有自己的短處，透過與人合作，用他人之長補自己之短，才能更好地完善自己，發展自己。

人的性格和能力有所差別，是天生或是長期養成，不能說哪一種類型比較好，

正是由於這些不同之處，所能從事的工作性質就不一樣。

要想有所作爲，首先要明白自己的性格和能力，然後選定一個適合自己能力類型的工作目標。與人合作時，也應注意別人的性格特點，盡可能使每個人都能找到適合自己的工作，讓對方能彌補你的短處，你能補救他的不足。

毫無疑問地，即使你的本事再大，本領再高強，也一定會存在某種侷限。善於注重他人長處的人，必定能夠成爲處世方面的強手，必定有著許多各行各業的朋友，在日常生活中做起事來自然事半功倍。

一位哲人說過：「從長處看人，世無無用之人，從短處看人，人人難逃平庸。」說的正是這個道理。

某家有五個兒子，五個兒子「各有千秋」。長子質樸，次子聰明，三子目盲，四子駝背，五子跛腳。按照常理來看，這家人的日子一定過得很辛苦。可是，出人意料的是，這家人的日子卻過得相當平順。

好奇的人打聽之後，才知道這家的五個兒子各自有所安排，質樸的老大務農，聰明的老二經商，老三目盲正好可以按摩，背駝的老四可以搓繩子，跛足的老五便成了紡線的好手。這一家人各展其長，日子過得當然平順。

試想，如果這家人僅僅考慮到幾個殘疾兒子的命運，生活一定破落難堪。轉換思維角度，揚長避短，發掘兒子們具有正常人所不具備的生理優勢，這麼一來，全家就無一廢人。

同樣的道理，我們最好儘量選擇與自己個性相契合、適合自己的行業，才會全心全意做好這項工作。

世界上最大的浪費，就是大多數人正在從事不適合自己個性的工作。

現在的社會提供了更便利的條件和更寬鬆的發展環境，可以依照自己的性格志趣自由選擇職業，應該要好好把握這個機會，才不會在年老回首往事時感到遺憾，也才不會在邁向成功的道路上，由於不符合自己的志趣，而必須花費更多的精力與時間。

從事適合的行業，才有成功的機會

如果不是適合自己的工作，怎能用心打拼？從事適合自己的工作，是件值得欣喜的事。如果還沒有找到，請盡快將它找出來。

過去的社會體制限制個人發展，讓人沒有選擇的權利。但是雖然現代社會個人選擇的空間越來越大，許多人卻仍然以金錢爲出發點，從事最有利可圖的事業或工作，根本沒有考慮自己的個性和能力。

福勞勒製刷公司的主要創辦人阿爾弗拉德·福勒出身於一個農家裡，從小他就住在加拿大東南的新斯科夏半島。

福勒似乎總是保不住他的工作，在兩年的時間裡，他雖然努力不懈，卻接連失去了三份工作。但是，在福勒接下來的人生中，卻發生了徹底的變化，原因就在於他試圖銷售刷子。

當福勒開始意識到最初的三份工作對他來說都不適合的時候，他在內心鼓舞自己，既然自己不喜歡那些工作，那他又何必苦苦緊追著那些工作不放？

所以，他決定選擇自己喜歡的工作——銷售。他很快地明白，他一定能做得很出色，因為他非常熱受這項工作。

因此，福勒開始集中精力從事世界上最出色的銷售工作。他是一個了不起的人，成為一名成功的推銷員。他在攀登成功的階梯時，又樹立了另一個目標：創辦自己的公司。

阿爾弗拉德・福勒決定不再為別人銷售刷子，那時他比從前任何時候都還要興奮。他在第一天晚上自己製造刷子，第二天就拿出去販售。

當銷售額逐漸提升時，他就在一間舊棚屋裡租下一塊小角落，聘請一名幫手為他製造刷子，他本人則全力以赴地投入到銷售當中。

不久之後，福勒製刷公司擁有一大批銷售員和數百萬美元的年收入！

透過這個故事，就能夠清楚地了解一個道理，那就是，如果從事自己喜歡的工作，就更容易邁向成功。

比起喪失工作、賺得鉅資或商業利益等事情，還有其他更值得關注的事情，「保有自我」就列在這張因素表上最強而有力的一欄裡。

能從事適合自己的工作，是件值得欣喜的事。如果現在你還沒有找到，那麼，盡快將它找出來。

工作需要熱忱，如果不是適合自己的工作，又怎麼能夠用心去打拼？又如何能獲得成功？在一開始就踏出對的步伐，才能爲日後的成功做好準備。

8.

有情有義讓成功更容易

交情和義氣就是成功的資本，
只要握有這些雄厚的資本，
何必擔心成不了大事！

具備慧眼，就是成功的關鍵

善於利用他人之長的人，雖然不一定事事都順利，但他正在為成功打基礎，未來肯定會是一個成大事的人。

想要成大事的人，就必須要知道「尺有所短，寸有所長」的道理。

每個人在事業的發展上都不是孤立的島嶼，都必須要與外界接觸，借助各個領域的人來爲自己的事業鋪平道路。

如果懂得取人之長、補己之短，就會在自己身上產生一股「合力」，這種力量能推動你由弱轉強，由小而大，這是成大事者的共同特質。

一位商界知名人物，也是銀行界的領袖表示，他的成功得益於自己具有鑑別人才的眼力。這種眼力使得他能將每一位職員都安排在最適當的位置上，從未出過差錯。

不僅如此，他還努力使員工們知道自己擔任的位置，對於整體事業的重大意義，這麼一來，這些員工無須監督，就能把事情辦得有條有理。

美國南北戰爭時期，著名的格蘭特將軍雖然具備卓越的軍事才能，卻是一個好酒貪杯的酒徒。

林肯看到他有統帥軍隊的才幹，認為他雖然有缺點，但與別人相比，他的才華相當出眾，因此大膽起用。

當時林肯對眾多反對者說：「你們說他有愛喝酒的毛病，我還不知道呢，如果知道我會送一箱好酒給他喝！格蘭特一上任就扭轉了戰局，北方軍很快就會平定南方的叛亂，結束戰爭。」

善於觀察別人，並能夠吸引一批才識過人的良朋好友來合作，激發共同的力量，這是每個成大事者最重要，也最寶貴的能力。

有一位廠長在用人的時候既善用人長，又善用人短。他安排喜歡鑽牛角尖的人去當品質控管人員，讓頭腦太呆板的人去當考勤員，爭強好勝者就命他當抽檢人員，喜歡聊天能言善辯的就安排他當公關接待人員。

這麼一來，廠裡的一切都秩序井然。

在平常人眼中，短就是短，但在有見識的人看來，短也是長，端看你是否具備這樣的頭腦與眼光。

如果大才、小才、奇才、怪才、庸才以及不才，都能被自己以「見長之術」善加利用，那麼，會有多少千里馬奔騰在各行各業當中？又會有多少平庸之馬練成千里馬？

只要觀念一變，處處充滿生機。

使用他人的才華以及施展自身的才華，都要經過一段「發現挖掘」的過程。

要知道，晶光閃閃的水晶剛出土時，只是一塊表面汙黑的石頭，如果只看表面，一定會把它視爲無用之物丟掉。

曾經有個木匠，家裡任何工作的工具都沒有，就連床腳壞了也不動手修理。左鄰右舍的人都說他是一個沒有才能的人，空有木匠的虛名。可是，到了後來，這位木匠負責營造一座大型宮殿，只見所有匠人都聽從他的指揮，工作進展得井井有條，效率高、品質好。

等到一座巍峨的宮殿展現在人們面前時，人們才如夢初醒，以往被他們瞧不起的窮木匠之所以連自家的床腳都不修理，乃是真人不露相，不想用牛刀殺雞，一出手便一鳴驚人。

才華不露的人最容易被人輕視。對於某個人過早或輕易地下結論是不可取的，智者往往能在「無用」之人中發現有用之才。

其實，一個所謂的天才，並不是能把每件事都做得很好、樣樣精通的人，而是能在某個方面有特別出色表現的人。比如，一個在寫作方面有出色表現的人，不一定也具有絕佳的管理能力；一個人能否成爲優秀的管理人員，與他是否會寫文章也沒有直接的關聯，而是必須具備分配資源、制定計劃、安排工作、組織控制等方面的專業技能。

善於利用他人之長的人，也許尚處於努力打拼的階段，雖然不一定事事都順利，但他正在為成功打基礎，未來肯定會是一個成大事的人。

懷著融洽的心態，就能相處愉快

一個不善於與人相處的人，無論走到哪裡，都會認為別人難以相處；善於與人相處的人，與任何人都能融洽相處。

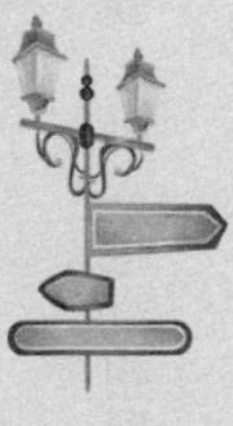

成就大事的人善於培養合作精神，發揮合力的作用。他們以團結爲重，透過團結來加大凝聚力。

當然，這需要從自我做起，因爲團結是群體的事，無法由個人來完成。因此，個人要能團結他人，群體的團結力量才能發揮，個人的成功才能實現。

與人合作不只需要勇氣，還必須具備主動、積極的態度，不僅要能與自己喜歡的人合作，也要能與自己不喜歡的人合作。

因爲每個人身上都有值得學習的地方，因此，我們不但要有與他人合作的習慣，更要培養與他人開展良好合作關係的精神。

一位老人坐在小鎮郊外的馬路旁，不久，一位陌生人開車來到老人面前，下車問老人：「請問住在這個小鎮上的人怎麼樣？我打算搬來這裡住。」

老人打量了一下陌生人，反問道：「你先說說看，你離開的那個地方都是些怎麼樣的人？」

陌生人回答：「不好，都是些不三不四的人。我住在那裡沒有快樂可言，因此我打算搬到這兒住。」

老人嘆了口氣說：「先生，那恐怕你要失望了，因為這個鎮上的人和你那兒差不多。」

聞言，這位陌生人離開了，繼續尋找理想的居住地。

過了一會兒，另一位陌生人來到老人面前，詢問相同的問題，老人也以相同的問題反問他。

這位陌生人回答說：「我之前住的地方都是些非常好的人，我在那裡度過一段美好的時光，但我正在尋找一個更有利於我工作發展的小鎮。我雖然捨不得離開那裡，但我不得不考慮我的前途。」

老人面露笑容說：「你很幸運，住在這裡的人都跟你原來住的地方一樣好，你將會喜歡他們，他們也會喜歡你的。」

這個故事告訴我們，如果你一心想尋找敵人，你就會找到敵人；你想尋找朋友，你就會找到朋友。

一個不善於與人相處的人，無論走到哪裡，都會認爲別人難以相處；善於與人相處的人，與任何人都能融洽相處。

能夠與人融洽相處的人是一個快樂、大度的人，即使賺的錢不多，也會感到很滿足，因爲他能從融洽的合作關係中，獲得最寶貴的報酬。

無論是否同類，都要學會應對

不要只想著和「同類」相處，也要學會和「另類」的人打交道，只要試著改變，就能感受到一種嶄新的人生體驗和樂趣。

每個人都傾向和自己喜歡的人交往，而不願和自己不喜歡的人打交道，這是人的好惡造成的。

但現實生活卻不可能滿足我們每一個願望，你的鄰居可能正是你不喜歡的：你喜歡安靜，鄰居卻每天都把電視音量開到最大聲；你喜歡整潔，鄰居卻總是把垃圾堆在樓梯口；你不喜歡受打擾，但鄰居卻經常到你家借醬油串門子。

在公司裡也有你不喜歡的同事，你雖然儘量迴避他們，但由於工作的關係，不得不與他們往來，你爲此感到很煩惱……

不一定非得要住在沒有壞鄰居的地方不可，聚會時也不一定要避開不喜歡的人，關鍵就在於抱持著何種心態，只要轉換心態，就能夠從惡鄰和「損友」的觀念中跳脫出來。

爲人處世的一個重要原則就是「自持」——自我控制慾望和情緒，能自持，即使處在汙濁的環境當中，也能保持自我不受影響。

如果身旁有一些惡鄰居和品德不好的朋友或同事，正好可以鍛鍊自己的修養和定力。況且，惡鄰居和「損友」並不是敵人，沒有必要跟他們處於敵對狀態，從他們身上或許還能夠學得寶貴的教訓和借鑑。

一位學者在他的書中寫道：「必須學會容忍、諒解以及愛別人，而不是等待他們來服侍我們，我們要積極主動地容忍別人和討人喜歡。以一項對別人友善及有益的計劃來發展我們自己，會使我們與別人之間的友誼更加高貴。」

如果依照這種方式去做，惡鄰居和「損友」也有可能變爲善鄰居和好朋友，誰能肯定沒有這種可能性呢？

那麼，該如何和自己不喜歡的人相處呢？

以下，是五種你可以嘗試的方法。

● 忍讓

寧可自己受點委屈或吃點虧，也不要爲小事與對方爭得臉紅脖子粗。

● 主動釋放善意

可以率先伸出友好之手，主動和對方打招呼，對方原本對你的戒備或敵意可能就此化解，你提出的問題與建議，他們可能就會加以注意和改進。

● 把自己想像成對方

站在對方的角度考慮問題，也許就能體會他們的想法，進一步修正自己某些不正確的做法，這將有助於改善雙方關係。

● 接受他人的獨特個性

不要強迫別人接受自己的觀念。每個人都有自己的特點，不要試圖改變這個事實。接受他人的原本的面目，他人就會尊重你的建議與觀點。

● 發掘對方好的一面

對方不總是那麼惹人厭的，他們也有好的一面，試著去發現那一面。

不要只想著和「同類」相處，也要學會和「另類」的人打交道，必須要學會主動地與這些人相處，也許他們是你原本不喜歡的那種人，但其實他們只不過是和你的性格不同罷了。

只要試著改變自己的看法和做法，就會有意外的收穫，就能感受到一種嶄新的人生體驗和樂趣。

將朋友分級，更能保護自己

在不得罪「朋友」的情況下將朋友劃分為不同的層次，根據這些等級來決定自己打開心扉的程度，保護自己免於受到傷害。

現代人喜歡，也必須交際、廣交朋友。

朋友在競爭激烈的現代社會裡顯得日益重要，善於利用朋友往往能使你的生活自在快樂，而且會有更多機遇。

大多數成大事的人都具備廣結朋友的能力和手段，他們十分擅長從朋友身上挖掘力量，以助自己一臂之力。

「一個好漢三個幫」、「多個朋友多條路」，「朋」的字型是兩彎相映的明月，就如同朋友講究肝膽相照，義字當先。

當然，這種朋友比起「患難之交」、「刎頸之交」和「君子之交」，其友情的含金量似乎仍然差得多，尤其在商業社會裡，很多人的友情是建立在共同的利益之上，一旦失去了某種利益，友情也會隨之消失。

「借勢發揮」是成大事的人經常利用的一種方式，他們可以利用對方的優勢來彌補自己的不足。

因此，培養「利用」朋友的心態，就能夠讓自己有更多獲取成功的希望。

「利用」一詞似乎帶有貶義，但與朋友合作、各取所需、互相幫助，是成就事業的一種方式。如果能養成合作心態，那麼將來必能有所作爲。

在商場上，「朋友」之間互相利用和陷害的例子並不少見，社交場合也是如此。因此，將朋友分等級，然後再決定該如何交往，這樣一則能夠保護自己，二來也不會使友情受到傷害。

也許，你會說：「我交朋友都是出自一片誠心，不會利用朋友，也不會欺騙朋友。」

但你是如此，能保證別人也和你一樣嗎？別人是否也出於一片誠心，還是帶有某種目的？

如果早知某人心存惡意、不夠誠懇，還需要對他推心置腹嗎？這樣豈不是害了自己？

有個很成功的商人，擁有許多朋友，三教九流都有。有人問他，這麼多朋友都以同樣的態度對待嗎？

他沉思了一會兒說：「當然不可以同等對待，要分等級。」

他認為雖然自己交朋友都是誠心誠意，但別人和他做朋友卻不一定是如此。在他的朋友當中，人格清高的固然很多，但是想從他身上獲取利益，不懷好意的朋友也不少。

「不夠誠懇的朋友，我總不能也對他推心置腹吧！」這位商人說：「那只會害了我自己。」

在不得罪「朋友」的情況下將朋友歸類，在心中把朋友劃分爲不同的層次，這種層次由高到低可以如下分類：刎頸之交、推心置腹之交、生意往來之交、酒肉之交、點頭之交。與對方交往的程度和自己打開心扉的程度，往往是靠這些等級來決定。

接著，再根據不同等級，決定自己要投入多深的情感和對方往來，這樣一來，既可以避免白白付出自己寶貴的感情，保護自己免於受到傷害，甚至被人欺騙利用！在邁向成功的道路上，這些都是必須謹愼考慮的事前準備工作。

和諧的人際關係，不僅有利於事業的發展，還有利於個人的身心健康，是追求雙贏的前提。

在成大事者的眼中，合作是一門精深的人際關係學。因爲合作就是與人往來，這就要求在人際關係的處理上要得當。

與朋友合作，開創事業高峰

沒有資本的人更需要朋友來充實自己的生活和事業，利用好身旁的朋友，尋找一份適合雙方的合作方式，對於事業將會有很大的幫助。

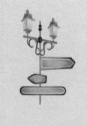

「孤掌難鳴」這句成語可以解釋爲靠一個人的力量很難成就大事。誠然，無論是辦企業，或是做生意，雖然要懂得自力更生，但也要了解如何合作。

個體的力量與群體的力量相比，很渺小也很有限，如果在自力更生的基礎上，選擇性地借助外界的力量，形成合力，那麼競爭的實力就會倍增，抵抗經營風險的能力也相對提升。

香港聖安娜餅店的創始人霍世昌就是靠著與朋友的合作發跡，相信他的故事能夠爲你帶來許多有益的啓發。

霍世昌是聖安娜餅店的創始人之一，餅店成立至今已有整整十八年的歷史了，他當時只是一個二十二歲的毛頭小子。

他能在四十歲時就有這番成就，肯定在創業之初有一筆豐厚的資金做資本。當人們向他提出這個疑問時，這位仍然洋溢著青春活力的老闆笑著回答：「我當年是靠借錢開餅店，靠朋友發財的。當時我在電燈公司工作，那時還沒結婚，但有個女朋友，她很喜歡弄些點心、蛋糕之類的，味道也很不錯。她說她是跟一個師傅學的，我心想，徒弟都能做得這麼好，師傅當然更好，因此我便萌生開餅店的念頭。然而，那時西點業在香港並沒呈現出像現在這種蓬勃的勢頭。當我有了這個想法之後，我便跟女朋友商量，她也很贊成這個計劃，但最重要的問題是缺乏資金，於是我便決定找朋友幫忙。我先是做出一份包含預算、地點、資金、經營方針等詳細內容的可行性計劃書，然後找一位朋友商量。當這位朋友看過計劃書後，他很乾脆地接受了這項計劃。於是，我們三個人便成為合夥人，直至現在。」

當初靠著借錢開餅店，霍世昌開創了事業的巔峰，現在每年都能增設一間分店，這就是因為他深知與朋友合作的重要性，因此為成功奠定了基礎。

本事越大的人，越需要人照應。沒有資本的人更需要朋友來充實自己的生活和事業，利用好身旁的朋友，尋找一份適合雙方的合作方式，對於事業將會有很大的幫助。

對於成大事的人來說，沒有什麼比一幫眞心幫助你的朋友更重要了。這是創業的基礎，還可以增加信譽。

在生活中，擁有一些志同道合、興趣相投的朋友，則可以爲我們帶來快樂與進步，有時比金錢和學識更重要。

要是沒有這股友誼的力量，很多人在尚未成功之前，也許就會心灰意冷，甚至一蹶不振，導致「出師未捷身先死」。相反的，在朋友的幫助與支持下，那些面臨困境的人就會下定決心堅持下來，直到最後的成功。

有情有義讓成功更容易

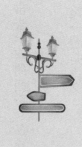

交情和義氣就是成功的資本，只要握有這些雄厚的資本，

何必擔心成不了大事！

具有豐功偉績、在媒體面前出盡鋒頭、在世界各地享有美譽的人，很大部分的功勞都是屬於幫助過他們的朋友和妻子、母親、兄弟姐妹們。如果沒有他們的熱心鼓勵與支持、無私的幫助和讚美，成功也許還只是個夢想。

戰國時的孟嘗君養了許多門客。一開始，他只是順應當時的趨勢，並不清楚門客的重要性。後來這些門客不斷幫他出謀劃策、出生入死，他才慢慢明白了養人、助人與用人的重要性。

在他的眾多門客當中，有一個名為馮諼人，很有才氣，但相貌儀表相當普通。他剛投入孟嘗君門下時，孟嘗君並不特別注意他。

有一次，孟嘗君正要出門，過庭院卻聽到有人在高唱：「長鋏歸去兮，食無魚！」孟嘗君聽了很不高興，心想，這樣唱好像我不給你東西吃似的，所以孟嘗君就派人為他改善了伙食。

過了一段時間，孟嘗君出門，迎面又碰見這個人，他又高唱：「長鋏歸去兮，行無車。」

孟嘗君越發不高興了，心想，這個人竟然有這麼多額外的要求，不如乾脆驅逐他！不過，他換個念頭又一想，這樣豈不是留下不義的名聲，於是孟嘗君就配了車給他。

後來有一次，孟嘗君需要有人幫他到薛地收債，於是貼出告示詢問門下。馮諼署名：「我能。」

孟嘗君看到了馮諼的名字，感到很疑惑，就問左右：「這一位是誰？」

身邊的人說：「就是唱長鋏歸去兮食無魚的那一位。」

孟嘗君想起來了，笑道：「此人真有這本事嗎？我一直沒有用他，倒真有些對不起他。」於是，邀馮諼來見，對他說：「我忙於政事，得罪了先生，先生能夠不以為忤，替我到薛地收債嗎？」

馮諼說：「願意。」

馮諼打點行裝，各種契券裝了一車。他來辭行時問：「收完了債，需要買點什麼回來嗎？」

孟嘗君說：「看我家缺什麼就買什麼吧。」

馮諼到了薛地，派官吏召來應償還債務的人前來驗對債券。驗對吻合之後，馮諼便說是奉了孟嘗君的命令，這部分債務因為年代久遠，決定不再討要，他還當場燒毀債券，欠債人齊呼萬歲。

馮諼駕車回齊，大清早就求見。孟嘗君見他這麼快回來覺得很奇怪，還以為馮諼真有奇術收完了債務，就問：「債務收完了嗎？買些什麼東西回來了？」

馮諼說：「你說過『看我家缺什麼就買什麼』，我想，公子宮中什麼都有，唯獨缺少『義』，所以我就給你買了『義』回來。」

孟嘗君問：「如何買『義』呢？」

馮諼回答說：「我假借你的命令把債務全免了，燒了債券，百姓都很感激你，齊呼萬歲。你的英名很快就會播揚，這就是我幫你買的『義』。」

孟嘗君聽了很不高興，認為馮諼不經他的授意就這麼自作主張。但不久之後，有許多身懷奇術的人前來投效孟嘗君，他們聽說孟嘗君仁義兼備，竟然將百姓多年欠下的債務都免掉，因此一個個都甘心為他效命，孟嘗君這時才感到高興。

後來孟嘗君使秦，被秦國扣留，眼看就有被誅殺的危機。這時他的門客不惜冒險，混進宮廷，盜來通行符。可是，一行人到了函谷關已是夜晚，城門早已關閉，需到第二天早上雞鳴才能出關。

孟嘗君一行人十分著急，因為他們知道，秦國一旦發現他們逃走就會派兵追趕。於是，門客就跑到大門附近，裝出雞啼。守關的士兵一聽到雞啼就打開了關門，孟嘗君一行人匆忙逃走，才成功擺脫秦國追兵。

經過這件事，孟嘗君才明白馮諼為他買「義」的意義，從此以後對馮諼也就另

眼相看了。

假如你是一個善於用心結識人、抬舉人、幫助人的人，你就有條件激發人、使用人。別人見到你有這份能力，又有這份情義，自然就願意幫助你、抬舉你，傳播你的好名聲。

有些人對人刻薄，甚至不願意把人當人對待，結果在強人面前抬不起頭，在弱者面前又趾高氣揚，頤指氣使，這樣的人肯定成不了氣候。因爲強者見他自甘卑屈就強加壓制，弱者見了反感、規避，絕對不願意與他合作。

這種人應該了解和諧人際關係的重要，盡快改變爲人處事的態度，那時就會發現，不僅強者願意欣賞，弱者誠心尊重，不管走到哪裡，說話都有人願意聽從，想法也有人願意幫忙實現。眞誠的交情和義氣就是成功的資本，只要握有這些雄厚的資本，何必擔心成不了大事！

與敵人聯手，就變成朋友

朋友和敵人，從來都不是絕對的和永恆的，與人結成朋友，壯大自己的力量，以為自己、為他人創造更多財富和成功機會。

廉頗是戰國時趙國的大將軍，有攻城野戰之功，因功勳卓越，戰績輝煌，成為當時傾倒朝野、名揚天下的名將之一。另一個有名的人藺相如則是門客出身，大智大勇，多次在趙國危難之際力挽狂瀾，贏得趙王的青睞。

當時，廉頗由於自己的功勳而居功自傲，他認為藺相如僅以區區口舌之勞卻能位居相位，實在令人不服，於是，經常以高傲的姿態和臉色對待藺相如。藺相如只是極力迴避，不與廉頗發生爭執，他一再退讓，以國家大局為重，個人私利為次之，兩個人僵持了很長一段時間。

有一次，廉頗聽藺相如的舍人說，藺相如之所以不願與自己爭位的主要原因只為了一個共同的利益——趙國的大局，一旦兩人反目，豈不是為強秦製造一個消滅趙國的大好時機？

於是，坦率的廉將軍便身負荊條，主動到藺相如府上請罪。兩人就此化干戈為玉帛，成為志同道合的朋友，為趙國抵抗秦國的侵略做出卓著貢獻。

這個故事使我們明白了化敵爲友的重要性。

敵人和朋友有什麼區別呢？其實，很難明確劃分。

照理來說，父母、妻子、子女肯定能夠成爲自己最好的朋友，你的競爭者也很可能成爲敵人，但這只是以靜態的觀點看問題，實際上，這種關係會不斷進行調整，隨時都有可能發生變化。

人們爲了利益之爭會結成各種集團、組織和分成各種階級，他們爲了共同的利益或目標走到一起、行動一致，想法觀念大致相當，因此成了朋友。

至於敵人呢？可能是與自己某些地方格格不入的人，也可能是具有無法避免的衝突對象。這樣一來，朋友與敵人的關係便交織在一起。

英國知名的外交家湯瑪斯．潘說：「我們沒有永恆的敵人，也沒有永恆的利益，我們所有的是共同利益，一種一致的共同利益。」

可見，敵人與朋友，只是相對而言的，也只是暫時的，並非永恆不變，那種幻想擁有永遠的朋友或懷有永久仇恨的人，是不智的。

朋友和敵人，從來都不是絕對的和永恆的，只要有共同的利益、共同的目標，甚至是同病相憐，都能夠結成朋友。

結成朋友的根本目的，就在於壯大自己的力量，讓自己在社會的奮鬥和交往過程中更加遊刃有餘、左右逢源，爲自己、爲他人創造更多的物質財富和更多的成功機會。

想要更多利益，就要團結一氣

只有將那些過去與你是競爭對手的人，納入共同的利益當中，壯大力量才能奪取更大的勝利。

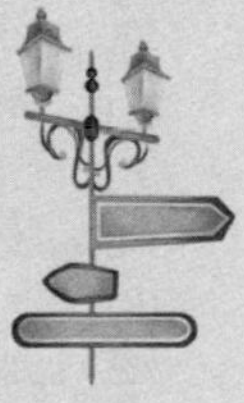

任何社會都不可能只有一個共同的利益，而是被分割成無數利益。於是，形形色色的組織、團隊、階級，充斥了社會的各個角落。爲了謀取最大的利益，他們拼命地合抱起來，結成「朋友關係」以對抗別的集團、組織。

一旦他們獲取了利益，往往會有一批人分離出去，尋找更具體、更符合自己利益的集團。這種動機性很強的朋友關係，便說明了利益之爭是各種關係的根源，原本的敵人在未來也完全有成爲朋友的可能。

數年前，有四家大規模的化學纖維工廠，為了爭原料、爭市場，彼此明爭暗鬥，爾虞我詐，各個公司都為此感到力不從心。

後來，隨著國際經濟的發展趨勢，產業化、專業化、國際化不斷加劇，跨國公司蜂擁而入，帶給這幾個公司的領導人當頭棒喝，他們才清楚地意識到，原來真正的敵人來自海外。

於是，四家公司立刻調頭，目標一致對外，組成一個規模宏大的產業集團。為了共同的利益，他們化干戈為玉帛，成為患難與共的朋友。

在日常工作和生活中，在社會紛繁複雜的人際關係裡，不妨冷靜地觀察，努力尋找自己的朋友，和能夠成爲朋友的敵人。

敵人，有的時候是我們自己的錯覺造成，或是由於自己的目光短淺、孤陋寡聞所致，想要改變這種先入爲主的第一印象，就要靠自己的勇氣和非凡的遠見與卓識，與朋友團結，與敵人握手。

成大事的人總能化敵爲友，把不利的形勢，轉爲有利，並結合成一個強大的對外一致的聯盟。

或許，你是位個人主義很強的人，很重視自己的獨立、自主、自我奮鬥；或許你是位理想主義者，視而不見敵人的陰險與毒辣，將世界想像得無比美好與平靜。但是，現實的殘酷總有一天會擊碎理想主義的光環，使你眞正了解到集體力量的強大和個人力量的單薄。

一個人想取得事業上的成功，光靠自己的力量是不行的，靠朋友的力量也不夠，只有將那些過去與你是競爭對手的人，納入共同的利益當中，壯大力量才能奪取更大的勝利。

9.

誠實面對自己，才能得到勝利

當一個人做好一切準備，誠實面對自己，
才有機會把一件事情做到盡善盡美。
此時，才能得到真正的快樂，真正的成功。

不怕沒機會，就怕沒準備

伸出學習的根，和成大事者緊密連結，吸收他們的經驗，很快地，你將會成為成功之林的雄偉巨木。

所謂的成功，就是當機會出現時，你早已經做好準備。一個只會等待機會出現時，才動手做準備的人，即使遇到再怎麼好的機會，也只能眼睜睜地看著這個機會從自己指縫間溜過。

惠特尼曾說：「寧願做好準備而沒有機會，也不要在機會來臨時，沒做好該做的準備。」說的就是這個道理。

世上現存的植物當中，最雄偉的當屬美國加州的紅杉。科學家深入研究紅杉，發現許多奇特的事實。

紅杉的高度大約是三百公尺，相當於三十層樓。一般來說，越高大的植物，它的根應該紮得越深，但紅杉的根卻只是淺淺地浮在地表而已。

理論上，根紮得不夠深的高大植物是非常脆弱的，只要一陣大風，就能將它連根拔起，但是紅杉為什麼能長得如此高大，且在風中屹立不搖呢？

研究發現，紅杉總是成片生長，並沒有獨立高大的紅杉。一大片紅杉彼此的根緊密相連，一株接著一株，連結成一大片。自然界中再強大的颶風，也無法撼動幾千株根部緊密連結，佔地超過上千公頃的紅杉林。除非颶風強到足以將整塊地掀起來，否則沒有任何自然力量可以動搖紅杉分毫。

紅杉的淺根，也正是它能長得如此高大的利器。它的根浮於地表，方便它快速且大量地吸收賴以成長的水分，同時，它也不需像一般植物一樣耗費過多的能量紮下深根，能把更多能量用來向上生長。

造物主在世界各地爲人們留下成功的啓示，要看人們是否擁有細心與智慧去體會與領悟。紅杉提供了很好的學習方向，讓每個人廣泛地伸出自己的學習觸角，和廣大的資訊網路結合，和別人合作配合，吸收更豐富的成功知識及經驗，來供應自己賴以迅速成長的養分，而不需耗費能量與獨自盲目地鑽研。

成功不能只靠自己，還需依靠別人。唯有和別人合作，才能獲取更大的成就。就像紅杉那樣根部相連，以充分緊密的合作關係，創造屹立不搖的偉業。

如果你尚未壯大，不妨伸出學習的根，和成大事者緊密連結，加入成功、積極的團體，閱讀成大事者撰述的書籍，吸收他們的經驗，瞭解成大事者的心態，讓自己更快速地成長。

只要你熟諳這項借力與合作的訣竅，努力增長自己的見識與能力，朝著成功邁步做好準備，很快地，你將會成爲成功之林的雄偉巨木。

羅斯曾經寫過：「當機會出現時，只有做好準備的人才認得出它是機會。」

的確，只要做好準備，永遠不怕沒有機會，因爲「沒有機會」這四個字，通常只是失敗者用來作爲自己沒有準備好的藉口。

做人誠實才能成就大事

誠實，比獲得財富更重要，比擁有美名更持久。如果大家都認為一個人絕對值得信任，那麼這個人的事業一定會成功。

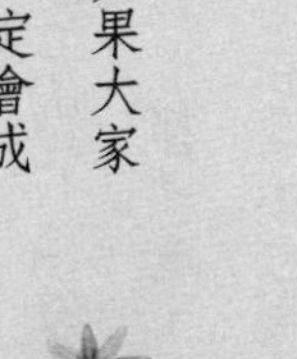

謊言往往會使一個人陷入困境，也許有人會說，一個善意的謊言是爲了解救他人和自己，是一種在困境中的解脫，但是常用謊言表達善意，會使你喪失在人群中的可信度。

當一個人的性格特徵和承諾一樣莊嚴神聖時，他的一生就擁有比他的職位和成就更偉大的東西——誠實。這比獲得財富更重要，比擁有美名更持久。

像喬治·皮博迪一樣，在年輕的時候就堅持一諾千金，不說一句謊話，把自己的聲譽看作是無價之寶。因此，喬治．皮博迪受到全世界人的關注，獲得無上的聲譽，並贏得人們的信任。

林肯擔任律師的時候，有一次處理一樁土地糾紛案，法庭要當事人預交一萬元美金，當事人一時還籌不到這麼多錢，林肯便替他想辦法。

他到了一家銀行，和經理說需要提一萬元美金，過兩個小時就能歸還。經理二話不說，也沒有要林肯填寫借據，就把錢借給他。

正是因為林肯誠實的品德，才使經理如此相信他。

還有一次，林肯得知他的當事人捏造事實、欺騙律師事務所，就拒絕為那人辯護。他對說：「如果我去了，就成為一個說謊者，那是我不能允許的。」

伊利諾斯州斯普林菲爾德的一名律師是這樣評價林肯的：「如果沒有把握為當事人打贏官司，他就不接案子。法庭、陪審團和檢查官也都知道，只要亞伯拉罕．林肯出庭，他的當事人必定是正義的一方。我並不是站在政治立場上說這番話，我和他屬於不同的黨派，但事實的確如此。」

有一次，林肯的盟友告訴他，只要能獲得兩個敵對代表團的選票，就能成為內閣的候選人，但這樣就會要林肯違背自己堅持的原則——說不真實的話。

林肯拒絕了朋友的勸說，他明確地表示：「我不會與人民討價還價，也不會受制於任何勢力。」他追求的是正義，追求的是人格完美。

林肯一次又一次拒絕說謊的誘惑，沒有在金錢的引誘下迷失方向，沒有為贏得權力放縱自己，最終成為美國最偉大的總統之一。

布林沃．利頓說：「如果大家都認為一個人絕對值得信任，那麼這個人的事業一定會成功。」

十九世紀中期，亞伯拉罕．林肯可以說是正義與誠實的代名詞。林肯的故事正是最佳的例子，他以誠實，爲往後的成功做好準備。

誠實面對自己，才能得到勝利

當一個人做好一切準備，誠實面對自己，才有機會把一件事情做到盡善盡美。此時，才能得到真正的快樂，真正的成功。

有一個阿拉伯的故事，雖然不像《天方夜譚》中的故事那麼神奇，卻能讓人留下深刻的意義。

阿伯德．卡德準備離開家園四處遊歷，母親給了他四十枚銀幣，要他發誓任何時候都不撒謊。母親告誡他：「上帝會看著你的，孩子，在沒有接受上帝的審判之前，我們是沒有機會見面了。」

於是，這個年輕人開始了人生的第一次離家。幾天之後，他遇上了強盜。強盜問：「你身上有錢嗎？」

由於他發誓絕不撒謊，就老老實實地說：「我的外套裡面有四十枚銀幣。」他誠實的態度，讓強盜們根本就不相信他的話。

「告訴我，你身上到底有沒有錢？」強盜頭子再次問阿伯德．卡德。

「我說過了，我的外套裡縫著四十枚銀幣。」

這次強盜們半信半疑地搜查阿伯德．卡德，真的把那些銀幣搜了出來。強盜驚奇地問阿伯德．卡德：「你幹嘛不打自招啊？」

「因為我在母親面前發過誓，永遠都不撒謊。」

強盜頭領聽到這些話，心中有所感悟。

「連個孩子都如此守信用，我們卻違背了小時候對上帝許下的諾言。現在我們要握著這個小孩的手重新發誓！」

其他強盜也深受感動，像他們的頭頭一樣一個接一個對上帝重新發誓，站在他們面前見證的是一個小孩。

當一個人戴上了面具，過著虛偽的生活，或者從事不正當的職業時，他的內心一定承受著沉重的打擊，漸漸地就會產生一種自卑感，產生一種「我是騙子，不是正直的人，不會有人相信我」的想法，然後，走向了墮落，失去了自尊和自信的勇氣。

喬治．霍爾在每一次對學生的演講中，都不忘講一個事例：

洛威爾城建在梅里馬克河邊，需要建水壩和運河來蓄水。當時美國沒有合格的工程師來做這樣的工作，就來請一個名叫法蘭西斯的英國年輕人做。

他仔細察看已經完工的工程之後發現，六十年前這裡曾經發過一次大洪水。於是，他趕緊去找公司的負責人，老實地說：「先生，你必須重建洛威爾城已經完工的工程。」

公司的負責人回答：「我們不能那樣做。我們已經花費了巨大的投資，現在只能冒險一試。」

「如果是這樣，那麼，我現在就辭職，先生。」法蘭西斯回答。

公司負責人為法蘭西斯的態度感到震撼。後來，他們重新考慮了法蘭西斯的建議，並且在法蘭西斯的指導下重新修建了水利工程。

一年後，一場洪水爆發了，這個小鎮和相關的建築工程承受住了考驗，安然無恙。如果沒有重建，這場洪水極有可能讓這個小鎮從地球上消失。

喬治·霍爾最後告訴即將畢業就職的年輕學子：「除非你覺得一項工作值得去做，否則不要在工作合約上簽下你的名字，寧可放棄工作，也不要讓雇主強迫你去做你明知是錯誤的事情。」

當一個人做好一切準備，誠實面對自己，才有機會把一件事情做到盡善盡美。此時，你才是一個真正充滿自信的人，才能得到真正的快樂，真正的成功。

讓顧客滿意，就能獲得最大利益

合作對象或顧客會根據你過去的紀錄採取行動，你的所作所為都要言而有信，才不會錯失一次又一次成功的機會。

許多成大事者的創業歷程中，都把誠實守信當做自己事業的生命，他們相信誠實守信永遠勝過詞藻華麗的廣告。只要做好準備，把事業建立在誠實信用的基礎上，就會得到成功的機會。

事業成功的商家都信奉這樣一個信條：「顧客就是上帝，滿意的顧客是最好的廣告。」只要服務良好，顧客必然非常樂意向別人推薦這樣的商家。

誠實是立業之本，是創業之前必須做好的準備。這是成功的商人向顧客展示自己的最好手法，他們要抓住每個顧客的心理，使顧客滿意。

成功的商人知道，只有滿意的顧客才有可能是回頭客，才能擴大企業規模。如果顧客沒有產生信任感，擴大企業規模只是一句空話。

勞倫斯．斯特恩說：「不要相信一個不誠實的人。」

人們在商業交易中對交易的對象總是很在意，要求對方要眞誠、講眞話，那樣雙方的合作才不會破裂。商業交易需要雙方都做到相互信任，當人們不再互相信任的時候，就永遠不會達成交易了。

有一個寓意深刻的笑話諷刺了商家的弄虛作假。

四隻蒼蠅相約到一家高級飯店大吃一頓。

第一隻蒼蠅落在一根誘人的香腸上飽餐一頓後，馬上得了胃潰瘍死了。原來，香腸裡摻雜了苯胺。

第二隻蒼蠅飛到一塊香甜麵包上，可是剛吃完就胃痙攣，疼得滿地打滾。原來，麵粉裡含有過量的明礬。

第三隻蒼蠅喝了點牛奶，一陣劇烈的咳嗽讓把牠噎住了，不得不放棄這毒藥般的牛奶，因為裡面加了好多石灰。

第四隻蒼蠅看到朋友們慘痛下場，再看看這些吃的東西都有毒，於是，牠可憐兮兮地叨唸著：「我還是早點死了算了，免得活受罪。」

牠看到一張黏糊糊的紙上寫著「蒼蠅藥」，就飛撲上去舔，味道還不錯，心滿意足地舔呀舔，奇怪的是，反而越吃越有精神。最後，牠沒有死，反而比以前更有活力了。

看完這個故事讓人不得不嘆息，就連蒼蠅藥也是假的！

如果你是一個準備從商的人，一開始最重要的是就要知道正直誠實的商界規則，才能爲此做好準備。要想長久取信於其他商家，就必須有正直的表現，合作對象或顧客會根據你過去的紀錄採取行動，你的所作所爲都要言而有信，才不會錯失一次又一次成功的機會。

講信用，才能得到成功

正是因為可靠的信用，才得以使許多公司幾十年甚至幾百年的名字毅立不倒。這些名字就是品質可靠的象徵，就是最好的廣告。

有的商家總是用一些沒有多少價值的商品來欺騙顧客，運用各種宣傳手法，把劣質品說成好東西，使消費者上當。

然而，他們也許一時名利雙收，但終有一天他們的形象會一落千丈，最終會成爲產品品質低劣的同義詞，成爲人們鄙視的對象。

斯圖爾特先生是一個為顧客著想的商人。

一次，他向一個職員詢問某種新款商品的銷售情況，這個職員拿著樣品，對斯圖爾特先生描述這種商品設計不合理的地方。

這時，一個外國客戶走過來問：「你們這裡有沒有品質絕佳的新產品？」那名職員馬上笑容滿面地說：「是的，先生，我們剛剛做出了一種正好符合您需求的產品。」

他一邊說一邊把那個有問題的樣品遞給顧客，向客戶介紹這種新產品，使得這個客戶決定馬上訂購一批。

斯圖爾特先生只在一旁默默觀察，當客戶決定訂貨時，便立即告誡這位顧客要仔細檢查再訂貨。然後，他讓這個年輕人到會計部結算工資，因為從現在開始，他不再是公司的員工。

為什麼會這樣呢？

斯圖爾特先生認為，顧客有權利知道商品好壞的真相，儘管這樣做會為商家帶來不好的後果，但任何職員都不得在任何方面誤導顧客，或者隱瞞商品可能存在的任何缺陷。

現在來看看赫赫有名的羅特希爾德家族財團創始人梅耶・安塞姆帶來的另一個關於誠實的故事。

十八世紀末，梅耶・安塞姆生活在法蘭克福著名的猶太人街道上。這裡的猶太人都過著卑微和屈辱的生活，甚至時常遭到令人髮指的迫害，生命的尊嚴遭到隨意的踐踏。

雖然關押他們的房門已經被拿破崙推倒了，但那時猶太人仍然要在規定的時間回到家裡，否則將被處以死刑。

在這種動盪不安的情況下，安塞姆創建了自己的羅特希爾德事務所，在一個小角落掛上一個紅盾，開始了他的借貸生意，為創辦橫跨歐陸的大型銀行集團邁出了第一步。

當時，當地的富豪蘭德格里夫・威廉被拿破崙從赫斯卡塞爾地區趕走的時候，把五百萬銀幣交給了安塞姆。

安塞姆為了保住這筆錢，先是把錢埋在後花園裡，等敵人撤退之後，再以合適的利率借貸出去。

威廉返回時，安塞姆把這筆錢連本帶利還給他，使得威廉喜出望外。他原本認為，事隔多年，又沒有憑據，錢不可能要回來了，而今竟然還能得到利息，讓他直呼不可思議。

現在羅特希爾德家族世世代代的成員，不管在生活上還是在事業上，沒有一個人使家族誠實的名譽掃地過。

正是因爲經營者正直的品格，可靠的信用，才得以使許多公司幾十年甚至幾百年的名字不倒。

這些名字就像商標和專利一樣，成了誠實可靠的同義語。沒有人會去懷疑他們的產品是怎樣製造出來的，也沒有人會去檢查帶有這些標誌的產品品質和可靠性。因爲這些名字就是品質可靠的象徵，就是最好的廣告。

重視信譽，必有機遇

注重商業的誠信，視信譽為經商的生命，是成大事者走遍世界各地都受到歡迎的主因，是獲得巨大財富的生命之源。

商業世界中第一個奉行「不滿意可以退貨」的大型企業希爾斯·羅巴克百貨公司，在美國猶太商人朱利斯·羅森沃爾德的領導下大放光彩。

羅森沃爾德出生在德國一個猶太人家庭，少年時代隨家人移居美國，定居在伊利諾州斯普林菲爾德市。

一九二五年，羅森沃爾德成為美國西爾斯羅巴克公司的董事長，在他的領導下，西爾斯公司推出了新的經營管理法寶——顧客不滿意保證退款。

這一方式推出時，公司內部有很多人極力反對。他們認為這種經營方式簡直是自找麻煩，存心不良的顧客會千方百計找藉口要求退款，必將導致公司經營虧損。商界同行則諷刺羅森爾沃德不是發了瘋就是欺騙顧客，絕不可能兌現所謂「不滿意退款」的服務。

確實，這種「不滿意退款」已經大大超出一般人的認知範圍。但是，後來的事實證明，這種經營方式比預料的還要成功，公司的營業額成倍數增長，退款的現象比以前還少。

爲什麼會有這種結果呢？一切正如羅森沃爾德預料的，「不滿意退款」的服務，充分展現了公司誠實守信的商業原則，在消費者心中留下了深刻的印象，使公司的知名度得以迅速提高。

極高的商業信譽爲成大事者事業發達所帶來的好處是顯而易見的，做好守信的準備，是最有遠見的「理性算計」。

日本商人藤田被稱為「銀座的猶太人」，意思是：銀座唯一遵守約定的商人。由此就可以看得出來，誠實守信也是藤田的重要經商原則。

一九六八年，藤田曾接受美國油料公司三百萬副刀叉的訂單，交貨日期為九月一日，交貨地點為芝加哥。但是，由於製造商的拖延，這批餐具直到八月二十七日才出貨。

這樣一來，非空運是不能如期交貨的。芝加哥到東京的空運費用約三萬美元，三百萬副刀叉的盈利卻不到三萬美元，但藤田還是租下了波音七〇七飛機。

因為，訂契約的對方，是由猶太人支配的「美國油料公司」，不論如何都必須如期交貨，一旦失約，對方絕對不會再相信他。製品延遲，雖然不該由藤田承擔責任，可是猶太人絕對不會聽他的解釋；藤田雖然損失了數目可觀的空運費用，卻保全了猶太人對他的信任。

第二年，美國油料公司又向藤田訂製刀叉六百萬副，又是一次大的訂單，此次又耽誤了交貨日期，無奈之下藤田只好再次租機空運交貨。

雖然藤田曾兩度租借飛機空運交貨，吃了大虧，可是他用這筆空運費，換來了無價的「猶太人的信任」。大家都說：「那個人是守約的日本人。」這個情報瞬間傳遍了整個世界，「銀座的猶太人」由此得名，財富也隨之而來。

誠實守信是一切成大事者都應該準備好並加以維護的，經商時絕不能用欺騙的手段獲取財富。

成大事者不屑於做「只要每個人上當一次，我就發財了」的生意，他們厭惡流寇式的作戰方法和短期策略，即使是在到處被人驅趕、朝不保夕的時候，看重的仍然是長期的合作，注重信譽以擁有好的商業口碑。

誠信經商是做大事業的靈魂，是成大事者的最高技巧。在現代商業世界，恪守信用已成爲許多企業的市場競爭必備條件。

注重商業的誠信，視信譽爲經商的生命，是成大事者走遍世界各地都受到歡迎的主因，是獲得巨大財富的生命之源。

眞誠的友誼讓事業更順利

友誼可以決定一個人的命運。當年輕人忽視他身邊的朋友時，成功機會就會大打折扣。

「鷸蚌相爭」的故事帶來的借鑑，一直讓成大事者時時自我警惕並極力避免，因爲他們知道那樣不只是破壞友誼這個創業的基礎，造成不可想像的局面，而且也會讓自己成爲被「漁翁」捕殺的對象。

所以，對於成大事者來說，不要打破彼此之間的友誼，而要用誠信來維護這份友誼。

達爾文就讀愛丁堡大學期間，蒲林尼學生自然史學會的工作使他結交許多朋友。這個學會每星期二召開一次會員集會，宣讀和討論自然科學方面的著作。

達爾文在這兒結交了博物學家羅伯特．格蘭特博士，他當時是學會的秘書，達爾文是學會委員和理事會成員之一。二人經常一起外出考察，搜集動植物標本，回到實驗室解剖。

從格蘭特博士身上，達爾文瞭解拉馬克的進化觀點，格蘭特還帶達爾文參加魏爾納學會的一些會議，達爾文在這些會議上聽到美國鳥類學家奧久邦關於北美鳥類習性的報告。

他還經常參加「皇家醫學會」、「愛丁堡皇家學會」的活動，這段時期，他結交了青年科學家維利亞姆．馬克．吉利弗雷，他們討論自然史中的各種問題。他還認識了一個黑人，並在那兒學會製作鳥類標本。

在劍橋大學求學的時候，達爾文更是真誠地廣交朋友。其中一個朋友約翰．毛利斯．赫伯特在回憶達爾文的時候說：「他是一位親切、熱情和寬宏大量的朋友，人們都用最親切的態度對待他。他同情一切美好和公正的行為；憎恨一切卑鄙的、殘酷的、庸俗的和不誠實的行為。」

達爾文在劍橋大學的最後幾年，認識了博物學家漢斯羅。後來，他在漢斯羅的影響下，決定深入研究地質學，於是他又跟隨地質學家塞治威克到北威爾斯進行研究。

正是與這些人的交往，才使達爾文成為一個真正的博物學家。

一八三一年八月，漢斯羅教授收到劍橋大學天文學教授皮克的來信，說有一艘軍艦要進行一次遠航以測量大地島南岸，對於一位博物學家而言，這是一個千載難逢的機會。

皮克教授要漢斯羅推薦一位博物學家，漢斯羅最好的朋友達爾文就成了最佳人選。正是因為他的環球旅行，為他帶來舉世矚目的成就，也正是由於達爾文以真實、誠信結交這些朋友，才使他有這次航行的機會。

希里斯博士說：「友誼可以決定一個人的命運。當年輕人忽視他身邊的朋友時，成功機會就會大打折扣。」

這句話再次證實了朋友的重要。朋友圈子的縮小，將會帶來巨大的損失。千萬不要以犧牲友誼為代價來換取其他東西，應該與朋友保持緊密的關係，讓友誼之花常開。

重視道德操守，成功不會溜走

現代物質文明雖然高度發達，卻日益呼喚著人類的道德良知，只要為自己的道德力量做好準備，終能等來成功的機會。

「童叟無欺」在各民族的商業活動中，都相當受到重視。其中，猶太人是最嚴格執行這種正直交易的民族。

猶太商人以誠信爲本，在全世界商界中，都非常值得稱道。

猶太經典《塔木德》這樣告誡欲成大事者：「一個人死後進入天國前，上帝會先問：你生前做買賣時是否誠實無欺？如果欺詐，將被打入地獄。」

就是這樣的告誡和諸多誠實經商的實例，培養了猶太商人誠實守信的商業原則。

猶太商人號稱「世界第一商人」，時常與其他民族往來交易。

作爲一個弱小的民族，在二千多年的流浪歲月中，始終沒有被其他民族同化或湮滅，還能不斷從他人的腰包中大把大把地掏錢，很重要的原因是由於他們經商講究誠信，爲人重視道德操守。

因爲嚴於律己，重信守約，猶太商人贏得了「世界第一商人」的口碑，誠信經商，更使得猶太商人得到了世人的信任和尊敬，這在商業社會無疑是一筆最重要、最寶貴的無形資產。

在猶太人看來，誠實守信是支撐世界的三大支柱之一。二千多年的流浪生涯，使猶太人在備受歧視、壓迫、欺詐和譭謗的生活中，飽嚐了無數美麗謊言背後的兇險和惡毒。因此，他們對說謊者極爲反感，對欺詐深惡痛絕，絕不縱容自己撒謊騙人，也不允許別人欺騙他們。

但是，有一點卻是和其他民族不同，他們不會鄙視說謊者，也不會有置之於

死地而後快的報復心理，他們想到的往往是寬容。他們會抱以可憐與同情之心，因爲他們認爲，撒謊者失去了人性中最寶貴的東西，而且死後還要受煉獄之苦，太可憐了。

可以說，猶太人是寬人嚴己、仁慈悲憫的成大事民族。

有一個故事，具體呈現出這個民族的特性：

從前，有一個老闆和雇工訂了契約，規定雇工為老闆工作，老闆每週發一次工資，但工資不是現金，而是工人從附近的一家商店裡選擇與工資等價的物品，然後由商店老闆來結清帳目，領取現款。

過了一個禮拜，工人氣呼呼地跑到老闆跟前說：「商店老闆說，不給現款就不能領東西。所以，還是請您付給我現款吧。」

沒想到過了一會兒，商店老闆也跑來結帳說：「貴處的工人已經取走這些東西，請付錢吧。」

老闆一聽，給弄糊塗了。雙方各執一詞，但誰也不能證明對方說了謊，結果，只好由老闆負擔兩份開銷，一份給雇工，一份給商店老闆。因為他們當時只向雙方做了口頭承諾，沒有白紙黑字的契約關係。

猶太商人由於普遍以誠信為本，相互間做生意時經常連合約也不定，口頭的允諾已有足夠的約束力，因為「神聽得見」。

在商業社會，人類制定了紛繁的法律和規章制度以避免人性中「惡」的本質。但是，我們卻不無憂慮地看到，儘管人們針對制度、律法的不足，不斷地完善它、修正它，但卻永遠不能靠它構建起良知善性的大廈。

爲此，道德作爲社會中調節人與人之間、人與自然之間關係的一種內在力量，就顯得尤爲重要。它儘管不能保證人人向善從善，但卻比制度、法制有著更深刻、更基礎的教化力量。

現代物質文明雖然高度發達，卻日益呼喚著人類的道德良知，道德的力量將是永恆的。只要爲自己的道德力量做好準備，終能等來成功的機會。

寬厚守信就能獲得讚譽

事業成功的重要因素，就在於是否能與人合作。要與別人合作，一個相當重要的基本前提就是要守信用。

荀子認爲人的力氣不如牛大，跑起來也不像馬那麼快，但牛和馬卻被人所役使，爲什麼呢？因爲「人能群，彼不能群也」，懂得合作，是荀子認爲人之所以爲人的根本原因。

人的社會是由人和人之間各種關係的組合而成，孤立的個人不可能存在，也做不成任何事。

劉邦在不同的場合中都曾對他的大臣們提過：「論領兵打仗，我不如韓信；論運籌帷幄決勝千里，我不如張良；論休養生息、轉運糧草，蕭何功勞最大。」

然而，這麼一個在前方不會打仗，在軍中不會出奇制勝，在後方又不懂得後勤的人，因能駕馭著一幫具有雄才大略的英才成就了帝業。「寬則得衆」，假如劉邦沒有寬廣的胸懷，也許他將一事無成。

相反的，項羽的本事很大，萬人不敵，自稱「力拔山兮氣蓋世」，可謂一代英雄豪傑。但他有謀士范增卻不用，有一群猛將卻讓他們無用武之地，氣量狹小，最後只得落得「無顏過江東，自刎於烏江」。

還有《西遊記》裡的那位唐僧，除了念經之外什麼本事也沒有，但他的誠心和寬厚，卻使三位本領高強的徒兒懾服於他，並完成西天取經的大業。

人的這種善於合作、協調的特性，是人類社會發展的一種必然結果。

就個人而言，事業成功的重要因素，就在於是否能與人合作。要與別人合作，一個相當重要的基本前提就是要守信用。

假如甲有管理的才能，乙有一筆資金，結合這兩個條件，兩人就有合作的可能性。但是兩人若想合作長久，還必須以相互信任爲前提。比如甲拿了錢，必須讓乙相信他不會挪做他用，更不會逃之夭夭。

守信之人，別人就願意與他合作。

有一個孩子的父親早逝，並在去世時留下了一堆債務。若按常規，欠債人已往生，就要將他的財產拍賣，償還債務。但這個孩子一一拜訪債主，希望他們寬限自己，並保證父親留下的債務將會分文不少地償還。

後來這孩子花了二十多年時間，把父親留下的債務連本帶息、分文不落地全還清了。周圍的人都非常感動，知道他是一個可靠之人，就非常願意和他做生意。結果這個孩子不但博得他人的讚賞，也取得事業上的成功。

人應該以誠實守信爲做事的原則，如此才能達到成功。要養成誠信的習慣，坦蕩做人，在追求理想和事業的道路上襟懷坦白地做事，爲自己營造良好的發展空間。

10.

信義兼備，爲成功做好準備

古人在取信時，還會將「信義」並置考慮，
並非把它們割裂開來。
若不符合道義的準則，
就不需強求自己必須許諾。

信義兼備，爲成功做好準備

古人在取信時，還會將「信義」並置考慮，並非把它們割裂開來。若不符合道義的準則，就不需強求自己必須許諾。

誠信是如此重要，務必要讓自己成爲一個誠信之人。但在做到誠實的同時，還必須講「義」。

然而，在動盪的社會中，人心叵測，背信棄義的事情經常發生，食言而肥的人所在多有。又如張儀蘇秦的故事，又如春秋戰國的「盟誓」之風，其無信義可說是朝令夕改，一日三變。

《莊子．盜蹠》上曾說，有個青年名爲尾生，與某女子相約於橋下，女子遲遲未到，大水突瀉，這個青年爲了守約不肯離開，竟然抱柱被水淹沒而死。

這種不合理義的迂腐誠信，往往有害無益，在實行之前必須謹慎衡量。眞理、正義和公平，是誠信的原則和標準。

一個人在思想上、品格以至於能力等方面是否成熟的重要標竿，便在於他是否信守諾言，是否輕易許諾。

因此，「諾必誠」就包含了這樣兩層意思：一是說到做到，二是許諾前要三思而行。必須在事前經過仔細思量，究竟這件事是否符合道義的準則，若是否定的，那就不需強求自己必須許諾。

晉國的大臣趙盾是位賢相，因為多次勸諫晉靈公，令靈公感到相當厭煩，於是便派力士鉏鹿前去刺殺他。

當鉏鹿潛入趙盾的往所時，趙家不但敞開著大門，連內室的門也是開著的，並無嚴密的警備，室內外的陳設也都相當儉樸。當時天還未亮，趙盾卻已將衣帽穿戴得整整齊齊，端端正正坐著等待上朝議事。

看到這種情景令鉏麑大為感動，嘆息道：「殺忠臣棄君命罪一也。」遂取義而棄信，說明了義的重要。

另外，還有民間流傳陳世美負心的故事。陳世美中了狀元之後忘恩負義，一心弒殺有礙他仕途的秦香蓮，被派去刺殺她們母子的刺客，寧可取義而失信，也不願殺戮無辜的母子，最後自刎而死，也說明了這個道理。

所以，古人在取信時，還會將「信義」並置考慮，並非把它們割裂開來。

古人的經驗值得我們學習借鑑，我們應當從中學到對自己有益的東西。在今後的事業發展中既重「信」，也講「義」，做一個值得他人信任的人，成爲社會的中堅力量。

誠意，增添個人魅力

待人心誠守信，就能獲得更多人的信賴、理解，也能得到更多的支援、合作，由此獲得更多的成功機遇。

什麼是「眞」？就是不做假、不欺人。

成大事的人都講究人品之眞，做事之眞。眞誠待人，眞誠做事，同時也是一個成功者必備的素質之一。

唯有具備了這種素質，也唯有具備這種素質的人，才會敞開心扉，使人們瞭解他、接納他、幫助他、支持他，讓他爲成功基礎。

美國前總統羅斯福一直是個很受歡迎的人，甚至他的僕人都喜歡這個主人。羅斯福的黑人男僕詹姆斯．亞默斯，寫了一本關於他的書，書名為《羅斯福，他僕人的英雄》。在那本書中，亞默斯說出一個富有啟發性的故事。

有一次，我太太問總統關於一隻鶉鳥的事。她從來沒有見過鶉鳥，於是總統詳細地描述。沒過幾天，有一次我家的電話鈴響了，我的太太接起電話，原來是總統打來的。他說，他打電話給她是要告訴她，窗外正好有一隻鶉鳥，她往外看就能看得到。

他時常做這類的小事。每次他經過我們的小屋，即使他看不到我們，也會輕聲叫出：「嗚，嗚，嗚，安妮！」或「嗚，嗚，嗚，詹姆斯！」這是他經過時一種友善的招呼。

這樣的一個人很難不讓人喜歡。

羅斯福卸任以後，經常到白宮拜訪，有一次碰巧當時的總統和他的夫人都不在，他向所有白宮的舊識僕人打招呼，並且都能一一喊出他們的名字，甚至廚房的小助手也不例外。

「他對待每個人都跟他從前一樣。」曾在白宮工作麗艾克·胡福眼中含著淚說：「這是將近兩年來我們唯一有過的快樂日子，我們當中的任何人，都不願意把這個日子跟一張千元大鈔交換。」

想要完善自己的人格魅力，基本要點就是眞誠。眞誠待人，恪守信義也是贏得朋友的必要前提。

只要待人心誠守信，就能獲得更多人的信賴、理解，也能得到更多的支援、合作，由此獲得更多的成功機遇。

敞開胸懷就能獲得信賴

如果為人處世離開了真誠，則無所謂友誼可言。真誠待人，肝膽相照，心靈才會有交集。

以誠待人是值得信賴的人們之間的心靈之橋，透過這座橋，人們打開心靈的大門，並肩攜手，合作共事。

我們主張知人而交，對於還不太瞭解的人，應該有所戒備；對於已經有了基礎瞭解、能夠信賴的朋友，就應該投入多一點信任、少一些猜疑、多一點眞誠，少一些戒備。

沒必要對完全值得信賴的朋友閃爍其詞，因爲這種行爲是不明智的。

著名的翻譯家傅雷先生說：「只要真誠就能打動人，即使對方一時不瞭解，日後便會瞭解。」

他還說：「我一生做事，總是第一坦白，第二坦白，第三還是坦白。兜圈子，躲躲閃閃，反而容易讓人起疑。耍手段倒不如光明正大，實話實說，只要態度誠懇、謙卑、恭敬，人們就會爭相和你往交。」

每個人的內心都有封鎖的一面和開放的一面，人們往往希望獲得他人的理解和信任。自己如果眞誠實在，願意敞開心扉，一旦讓對方感覺到你對他的信任，他也會卸除猜疑和戒備，把你當作知心的朋友，樂於向你訴說一切。

然而，開放必須要有選擇性，要向自己信得過的人開放坦誠。

以誠待人，獲得他人的信任，爭取到一位願意眞心幫助自己的朋友。在每個人發展人際關係，與他人往來的過程當中，如果能以信任取代防備和猜疑，往往就能獲得出乎意料的好成績。

一個名叫哈爾頓的英國作家，為了編寫《英國科學家的性格和修養》一書，前去採訪達爾文。

達爾文的坦率個性盡人皆知，因此，哈爾頓不客氣地直接問達爾文：「您主要的缺點是什麼？」

達爾文回答：「我不懂數學和學習新的語言，又缺乏理解力，也不善於以合乎邏輯的方式思維。」

哈爾頓又問：「您的治學態度是什麼？」

達爾文答：「很用功，但沒有確實掌握到學習的方法。」

聽過這些話的人，無不爲達爾文的眞誠與坦率鼓掌。

照理說，達爾文這樣名滿全球的大科學家，如果不直接正面回答這些問題，而是說幾句不痛不癢的話，甚至爲自己的聲望再添幾圈光環，也沒有誰會產生異議。

但達爾文不是這樣，一是一，二是二，甚至把自己的缺點毫不掩飾地袒露在人們面前。

只有高尚的品德才能換來眞摯的信賴和尊敬。朋友的交往也是如此。只要你敢說眞話，說實話，肯讓人知道事實，朋友便會爲你的誠實所感動，便會打從心底喜歡你，他給予的回報，也將是說眞話，說實話。

〈晏子春秋．內篇〉中就曾提到，必須把「信」視爲朋友之間交往過程的一個重要環節。

眞誠的友誼，不僅不會出於歲月的流逝、時代的變遷而減退，反而會隨著社會的進步更添光彩。

如果爲人處世離開了眞誠，則無所謂友誼可言。一個人眞誠的心聲，才能喚起一大群人眞誠的共鳴。

人與人的感情交流具有互異性，眞誠待人，肝膽相照，赤誠相見，心靈才會有交集。生活中應該充滿眞誠，養成眞誠待人的心態，每個人的心靈才會美好且愉快，才會在事業上獲得更多的幫助。

以眞誠待人，用熱忱做事

不造作虛假，沒有心術的情感，便是「真心誠意」的本質，只有這種情感才能真正地感動對方，獲得對方的接納與認同。

精誠所至，金石爲開。眞心誠意的力量十分巨大，無法用科學方法加以分析，只能說「眞心誠意」是一個人內心眞實的自然呈現，所以能直接感動對方，和對方的心靈情感產生共鳴和交流，而且超越了現實利益的層次。

有一位出版商剛出道時，一直希望能為一位知名作家出版他的著作，但因為他沒有什麼資本，所以一直不敢和那些名作家接洽。

有一天，他終於鼓起勇氣踏出第一步，硬著頭皮去拜訪那位作家。他坦然地說明自己的狀況，也表明了為他出書的意願。這位作家只是不置可否，也沒有給他壞臉色看。

出版商就這麼無功而返，過了一個月，他又去拜訪那位作家，再次誠懇地說明他的想法。

就這樣重複了十次，前後經過半年，他終於獲得這位作家一本新作的出版權。

眞心誠意不僅可以卸除對方的武裝，同時還能激起對方同情不忍之心，進而鬆懈了他原本的立場。

「看他那麼眞心誠意，就接受他的要求吧！」拒絕對方的人總是會這麼想。這種人性中「善」的作用，是很微妙的現象。

用「眞心誠意」做事，就容易獲得別人的合作意願，甚至爲你吃虧也無所謂。同樣的道理，用「眞心誠意」做人，就容易讓別人接納。不過，要如何讓對方感受到自己的「眞心誠意」？

既然是出自眞心誠意，就要不怕困難，應該鍥而不捨，敢於付出，用誠實謙和的態度去做事，去感動他人。鍥而不捨，就是不計時間、次數地持續下去，因爲時間也是一種「支出」，若非出自眞心誠意，很少人願意堅持下去。

要做到對人眞心誠意並不困難，重要的是要對人感興趣並眞摯地關切。這就需要下一番功夫。

不造作、不虛假，沒有欺騙也沒有心術的情感，便是「精誠」即「眞心誠意」的本質，只有這種情感才能眞正地感動對方，獲得對方的接納與認同。

欲成大事者要謹記這項原則，在今後的事業、生活中，務必養成眞誠的習慣，做一個眞誠幫助他人的人。

坦率誠直，是成功者的本質

坦率誠直的準則是公正，正直的保證亦是坦誠。在公正忠誠基礎上的直言勸諫，才能正起到堅持真理、匡扶正義的作用。

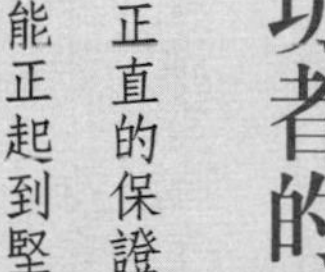

漢武帝的脾氣相當不好，同時又是個好大喜功又喜歡征伐的人，所以大多數臣子對於他是極力討好。但有一位名為汲黯的大臣偏不這麼做，他的直言義舉被世人傳為佳話。

汲黯在武帝時官至右內史，位列九卿，屬於權臣。

性情倔強、耿直的汲黯容不得壞人壞事，所以往往有話當面說，不徇私情。

當時，大將軍衛青的姐姐是皇后，汲黯見他時也不下拜，有人勸他：「大將軍的身分如此尊貴，你不可不拜。」

汲黯就說：「就因為大將軍有一位見到他不下拜的人，他便不尊貴了嗎？」

這讓勸他的人聽了也感到很難堪。

漢武帝常常召集文學儒者，聚在在一起談論關於仁義道德的話題。有一次朝會時，汲黯對武帝說：「在您的心裡懷有那麼多慾望，口頭上卻說要行仁義，像您這個樣子，難道也想像堯舜那樣使天下大治嗎？」

這番話讓漢武帝不僅無話可說，而且連臉色都變了。在場的所有人都不禁暗自替汲黯捏了一把汗，幸而漢武帝沒說話。下朝之後，漢武帝對身邊的人說：「真厲害呀！汲黯這股憨勁。」

有人責備汲黯不該這麼做，他卻反駁說：「天子設置公卿大臣輔佐他治理天下，難道是希望每個人都唯唯諾諾，唯命是從，只會阿諛奉承，把他往錯的路上引嗎？我們這些人既已就其位，就應盡職盡責，如果人人都只顧著明哲保身，國家會變成什麼樣子？」

所以，連漢武帝也說：「古代有所謂社稷之臣，像汲黯這樣子的大概沒有幾個。」

那些直言、襟懷坦蕩的人，往往有著無私無畏的獻身精神。

坦率誠直的準則是公正，正直的保證亦是坦誠。在公正忠誠基礎上的直言、爭鳴、勸諫，才能直而不狡、鳴而不詭、勸而不害，才能眞正堅持眞理、弘揚正義、抑不平、除邪惡、糾謬誤、去詭詐、匡扶正義。

否則，沒有標準，就會造成公說公有理，婆說婆有理，無所適從的局面。或者會藉爭鳴而嘩眾取寵，假直言而互相攻訐，爭權奪利。

想要成就大事，首要的是敢於直言，不誇大、不貶小、不隱瞞自己的觀點。坦蕩磊落，本於正，本於誠。

意氣相投，誠摯交友

真正的朋友之間，存在著一種純正的感情，這種感情比親情更能理解人，比愛情更加持久。

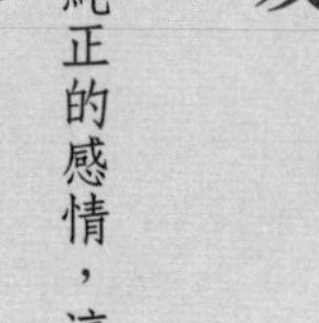

大業不是一個人能夠成就的，需要別人的幫助才能共同完成。

一個人是否品格高尚，只要看看他身邊的朋友就知道了。可以說，成大事者在選擇朋友上，從來不會草率而就，而是非知己不交。

人們在追尋知識、德行時，在情感契合的基礎上，以及在思想和感情的交流、感應過程中，自然而然地產生了友誼。

志同道合者爲「友」，同出一師之門爲「朋」。自古以來膾炙人口的鍾子期

與俞伯牙高山流水遇知音的故事，說明了古人交友貴在相知，貴在眞摯的原則。

《史記．管晏列傳》上講述管仲與鮑叔牙的友誼，尤爲感人。管仲夷是潁上人，年輕的時候與鮑叔牙是好友，鮑叔牙知道他是個賢能的人。

後來鮑叔牙事齊公子小白，管仲事公子糾。等到小白成爲齊桓公時，公子糾過世了，管仲受到囚禁。鮑叔牙遂向齊桓公推薦管仲，讓他爲齊桓公效命。之後齊桓公稱霸，九合諸侯，一匡天下，就是靠著管仲的謀略。

像鮑叔牙這樣的朋友令許多人羨慕，期望也能出現在自己生活中，這樣的深知朋友，貴在相知眞心。這種患難相助，交誼深摯的友誼，煥發而出的，是正義、向善的道德精神力量。

交友之道，還在於互補。人貴相遇、相知，雙方的長短應相互補充。個人的情操在相互間的截長補短中得到砥礪，學識的修養也在其中得以培養。

李白贈友人詩云：「人生貴相知，何必金與錢。」

他在贈孟浩然的詩裡，又從另一角度表達了自己看重交友的心情：「高山安可仰，徒此挹清芬。」鄙薄金錢利益，結交意氣相投、操守高尚的朋友，這正是古人擇友的標準。

杜甫和李白亦是忘年之交。「寂寞書齋裡，終朝獨爾思。」在寂寞的冬日裡，杜甫回憶著與李白論詩的情景，不覺深深感到「白也詩無敵，飄然思不群」、「故人入我夢，明我長相憶」，仰慕之情，不可名狀。從這些詩句裡，交友所追求的是互爲補充，相互學習，追求進步與提升。

朋友，既然如此稱呼，就要名副其實。眞正的朋友之間，存在著一種純正的感情，這種感情比親情更能理解人，比愛情更加持久。例如，廣爲人知的李白與杜甫，韓愈與柳宗元，白居易與元稹等人之間的友誼故事，長久地在人民中間傳爲佳話。

這是一種情感中的深谷幽蘭，散發著長久的清香。這就是友情，是朋友之間的眞正情誼。

結合信義，誠信交誼

學習古人的優點，揚棄自身的缺點，以誠信為本，在朋友危難之際及時伸出援助之手。

交友不僅要注重情誼，還要了解對方的志向和胸襟。目光遠大、胸懷開闊的美德，爲古人所看重，同時也應爲今人所用。

《資治通鑑》中記載吳國大司馬呂岱十分推崇徐原（字德淵），推薦提拔他做了侍御史。性情忠直的徐原總是有什麼意見就當面提出來，呂岱處理政事時若有過失，徐原總是當面直諫，又在公開場合評論。呂岱不僅不怪罪，反而感嘆道：「是我所以貴德淵者也！」

後來，徐原早逝，呂岱十分悲痛地說：「我以後要從何人處聽到我的過失呢？」

古人為政立德最重要的是虛懷若谷，真誠歡迎和聽取友人對自己的批評，不斷改進自己，提高自己的政績和操行。

唐代詩人王健曾作《求友詩》：

鑑形順明鏡，療疾須良醫。若無旁人見，形疾安自知。

縱令誤所見，亦貴本相規。不求立名聲，所貴去瑕疵。

他運用比喻，說明人如果想要真正認識自己，瞭解自己的缺點和不足，必須依靠正直的朋友。透過朋友的規勸、勉勵、指正，才能進一步求得個人德行的提升。

唯有如此，才是「君子之交」。

想要交「君子」，在交友時就要懂得選擇，擇善、擇誠、擇信而交。

管甯、華歆同在園中鋤菜，見到地上有一片黃金，管甯繼續揮鋤，將金視與瓦

石無異，華歆卻急急忙忙停下工作，伸手撿取。一次，他們兩人同席讀書，有人乘坐軒冕路過過門外，管寧繼續讀書，華歆卻放下書本衝出門觀看。管寧於是割開席子，對華歆說：「子非吾友也。」

因為華歆的世俗和浮躁，使管寧難以與其為友，這說明了「友者，友其德也」這樣一個道理。

宋朝范仲淹曾以言事而遭到三次遷黜，他的朋友因此越來越少，只有王子野在范仲淹遭到貶謫時，留他在京城裡多住幾天，以「抵掌極論天下利病」。後來有人見了王子野，害怕地告訴他，如果有人向朝廷告密，要抓朋黨，他將會是第一人，王子野卻毫不在乎。

這就是古人所推崇的以「同志為友」，只有志同道合的人，才能稱得上朋友。為了朋友，為了真理，可以不顧一切。

由於有人在朝中作梗，林則徐在虎門查禁鴉片，打擊英人的猖狂氣焰之後受到查辦，並遣派到新疆。清廷大學士王文恪在治理黃河時，朝廷又派林則徐一同協辦。王、徐因此成為好朋友。

王文恪深感朝廷不懂任用賢人，等到即將完工的時候，他告訴林則徐自己將極力向朝廷推薦他。但是，朝廷始終不聽，再諫，卻惹得「上怒、拂衣而起」。王文恪回到府中之後，「歸而欲仿史魚屍諫之義，其夕自縊薨……」

以死相薦友人，這需要多麼大的勇氣和力量！但這在古人看來，「士爲知己者死」，是死得其所，死得相當有價值。

所謂的擇善而交，尤其是「莫逆之交」、「貧賤之交」往往是以同心相契，富貴不移，以道義爲重的交往。

歷史上人們往往最不齒那些以私利相媾和的「勢交」、「賄交」，尤其痛恨那種賣友求榮的富貴易交之徒。

晉嵇康〈與山巨源絕交書〉，表達作者的志向和痛心朋友的勢利，其情其義躍然紙上。漢朱穆〈與劉宗伯絕交詩〉，痛斥舊友劉宗伯嗜欲無極，見利忘義的

行爲，提出「永從此決，各自努力」，同樣也展現了重道義交友的原則。

我們要揚棄自身的缺點，學習古人的優點，在爲人處世、交友創業的過程中，以誠信爲本，使自己成爲一個有「信」有「義」的人，在朋友危難之際，能夠及時伸出援助之手。

爲了朋友間的情誼，以實際行動去澆灌友誼之樹，使之常青不敗；爲了友情，赴湯蹈火亦在所不辭。當我們摒棄所有的自私、愚昧、盲從之後，新的朋友關係就兼具了傳統文化與現代文明的雙重優點。

發自內心，才能感動別人

一個舉止有禮、行為得體的人，會受到別人尊敬，但一個言行偽善、笑裡藏刀，卻又掩飾不佳的人，則會讓別人感到不齒。

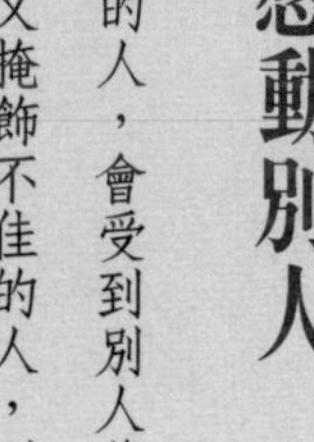

英國思想家培根說過：「一個人如果對待陌生人親切而有禮貌，那他一定是一位真誠而富有同情心的好人，他的心常和別人的心聯繫在一起，而不是孤立的。」

培根的言下之意，不只讚頌親切待人的高尚品德，也強調禮儀必須要發自內心，如此才能真正感動他人。

他還曾經說過：「禮節要生動自然才顯得高貴，假如在表面上過於做作，那

就失去了應有的價值。」

的確，做作的禮儀比起無禮而言，還來得令人作嘔。

據說，西元前四九五年時，諸侯國邾（鄒國本來的稱謂）國的君主隱公來到魯國，會見魯國的君主魯定公。

當時，魯定公舉行了相當隆重的儀式來歡迎他，場面相當盛大，孔子的學生子貢也應邀請前來觀禮。

歡迎儀式開始後，邾隱公仰著臉，把玉器高高舉起，態度很傲慢，相反的，魯定公在接受玉器的時候，則俯著臉，彎著腰。兩位君主不同的神情和態度，形成了極為鮮明的對照，在旁觀禮的人們看了都感到非常驚訝。

子貢對於兩位諸侯國君的表現，相當不以為然，忍不住要發表自己的意見，他說：「諸侯相見要手執玉器，這是從周朝就開始施行的禮節，所以今天這件事情要用禮來看待。但如果用禮來看待這件事的話，我認為兩位君主都快要滅亡了。因為，禮是死亡或生存的主體，人的一舉一動，或左或右，以及揖讓、進退和俯仰等等，都由禮來規範；朝會、祭祀、喪事、征戰等等，也要用禮來觀察它。」

子貢接著說：「眼下是正月，在一年之初諸侯相互朝見，竟會如此不顧禮儀規定，說明他們心裡已經沒有禮了。朝會不合於禮，哪裡能夠長久？邾國君主的高和仰是驕傲，魯國君主的低和俯是衰廢。驕傲易引來動亂，衰廢則接近疾病。魯國的君王是主人，恐怕也會先死去！」

兩國國君只重視儀式，其內心是輕蔑禮制的。子貢認為失了禮將導致亂亡，若心中無禮，那麼儀式又有何用呢？果然，魯國和邾國二國很快地便失去了與他國競爭的優勢，只能淪為附庸。

在做人做事方針中，重點就在於心誠。有了誠心，所作所爲才不致於虛假輕浮。就算做戲也要做得認眞，至少不能被人一眼就看穿，正如英國政治家洛克所說的：「要能做到恰如其分的普通禮節與尊重，表明你對他人的尊敬、重視與善意。這是一種很高的境界，要能做到這種境地，而又不被人家疑心你是諂媚、偽善或卑鄙，是一種很大的技巧。」

一個舉止有禮、行爲得體的人，會受到別人尊敬，但一個言行僞善、笑裡藏刀，卻又掩飾不佳的人，則會讓別人感到不齒。

要演戲就要演得入戲，如果沒有心要做，倒不如不做，因爲勉強是不會有結果的，心裡不想的怎麼裝也裝不來。

如果彼此都沒有眞心，就好像子貢所說，雖然知道要遵從禮儀之道，但是內心卻完全不做如此想，那麼禮儀也不過就是個表面儀式而已，做戲給旁人看看罷了，何必彼此浪費時間呢？

別讓孝心成了愚孝

要懂得明辨是非，所作所為才不致於有所偏頗。只知一味的孝順，而一點也沒有自己的想法，那麼這只是一種不知變通的愚孝。

重視孝道的人總是不厭其煩告誡年輕人說「天下沒有不是的父母」，希望每一個子女都能孝順父母。

然而，孝順也要講究方法，所謂盡孝並非父母說的全都是對的，也並非父母所說所做全都不可辯駁，而是要在合乎情理的原則之下去進行，以尊敬的態度出發，以委婉的態度去勸服，謙和的態度去順從。

如果不能明辨是非，那麼就算盡孝也只能算是愚孝。

每個人都應該發揮自己的才能，但是每個人也都有選擇自己道路的決定，別人依不依我們的路子走，我們只能建議，只能勸導，卻不能強迫。對待子女是如此，對待父母也是如此。

唐德宗時，翰林學士韋綬極為盡忠職守，相當受到德宗信賴。

韋綬因為工作過於繁忙，所以難以照顧到家庭，內心感到非常不安，但是幾次向德宗提出辭呈，都沒有獲准。直到八年後，他的身體狀況越來越差，德宗才同意讓他辭去職務，回家休養。

韋綬的兒子韋溫，是個非常聰明好學的孩子。他十一歲就考試合格，被補授咸陽尉，後來還升遷到監察御史。當父親因病辭官回家時，他也跟著辭職，一心服侍父親，時間長達二十年之久。

韋綬臨終前，還諄諄告誡韋溫說：「內廷是個是非之地，你千萬不能當翰林學士，否則一不小心，就會惹來殺身之禍。」

韋溫含著眼淚表示，一定牢記父親遺訓。

韋綬去世後，韋溫也擔任過許多官職，由於表現良好，相當受到執政的文宗皇帝賞識，幾次都想提拔他為翰林學士。

但韋溫銘記父親遺訓，每一次都懇切地向文宗辭讓這個官職。文宗不明白，為什麼韋溫竟如此固執，百般辭讓這個對旁人來說是求之不得的官職。

後來，文宗也火大了，忍不住其他的大臣說：「我想重用韋溫，但他每次都堅決回絕，難道他以為我沒有他就不行了嗎？」

大臣見皇帝這樣動怒，便連忙勸諫說：「陛下，韋溫雖然如此固執，但他其實是為了遵從父親遺命，也是一片孝心，請陛下成全。」

豈知，文宗相當不以為然地說：「韋綬不讓他的兒子當翰林學士，這種遺命是亂命，怎麼能成全呢？」

大臣再次解釋說：「韋溫連父親的亂命也能遵承，這說明他的孝心是難能可貴的，就請陛下饒了他吧。」

文宗聽了他的解釋，才漸漸平下氣來，並取消了對韋溫的任命。9

忠孝不能兩全時，韋溫選擇盡孝，於是謹遵父命，堅決拒不接受翰林學士的職位，想不到引起唐文宗大怒。

韋綬之所以會留下如此遺命，其實是因爲自己的經驗使然，由於翰林學士可說是皇帝最親近的顧問秘書官，經常得住宿內廷，以便奉命撰擬有關任免官員等文告，素有「內相」之稱。但自從韋綬擔任這個職務之後便忙於公務，時常久久不能回家一次，爲國盡忠卻犧牲了家庭的經驗，恐怕是韋綬一生的遺憾。於是，他在臨終前才會對韋溫如此交代。

而韋溫親眼見到父親爲了政事身心俱疲，日漸消瘦，也體悟出那道升雲之梯並非自己的願景，所以才會百般推辭皇帝的拔擢。

父母子女是我們的血脈至親，比起其他人，彼此之間有更多的牽絆，希望彼此過得更好，但是，這些牽絆與想法，只能表達關心與尊重，是不能強迫與束縛的，否則勢必會損害了親情。

韋溫的做法，在旁人看來或許是一種愚孝，但說穿了他也只是遵從自己的內心罷了，又有什麼錯呢？

在旁人看來，韋綬的遺命或許是一種亂命，但誰也不能否認他的出發點是希望自己的孩子不要受到自己所曾吃過的苦，這又有什麼錯？

然而，身爲一個人就要懂得明辨是非，所作所爲才不致於有所偏頗。如果，只知道一味的用自以爲是的想法去愛護子女，那恐怕只是一種無可救藥的溺愛，對子女來說並非好事。相同的，只知一味的孝順，而一點也沒有自己的想法，那麼這只是一種不知變通的愚孝，對父母來說也絕對不是一件好事。

及時享受你所擁有的財富

財富和人一樣，都要活在「當下」，才能顯現價值，不要只想留給後人，你留下的，很多時候會成為他們的負擔與麻煩。

曾經有位大師說：「錢要用了才是我們自己的。」所以，對那些只知賺錢而不知享受的人而言，被鎖在保險櫃裡「一輩子」的錢，最終只能算是一堆沒有用的紙。

曾經有個商人到朋友家拜訪，當他看見朋友富麗堂皇的三層樓房時，心中很是羨慕，不禁想著：「唉，我辛苦了大半輩子，積聚了那麼多的財寶，卻只住在那樣一間平房裡，實在太寒酸了，不如，我也來蓋一棟這樣漂亮的樓房，住起來一定很舒服。」

他問朋友蓋這棟樓房花了多少錢，當朋友告訴他數字之後，他卻驚呼道：「什麼！要這麼多錢，太貴了吧！」原來這個商人是個守財奴，平常一毛錢都捨不得花，只是吝嗇小氣的他，不想花錢卻又要貪圖享受。

等到他回到家後，心裡又想：「啊！我何不蓋第三樓就好，把第一樓和第二樓省略不蓋，這樣不就可以省下三分之二的錢了嗎？」

於是，他找到一家建設公司，問老闆：「你們能建造三樓的房子嗎？」

老闆沒聽清楚，便應聲出來，並拿出了很多藍圖來給他參考。

但一字不識的商人卻搖搖頭說：「不用看了，我現在領你去看我朋友的房子，我只要跟他的一樣就好。」

隨後，老闆跟著他來到朋友的房子面前，商人則再次叮嚀：「我要完全和這棟房子一模一樣，一定要建得像三樓那樣的，你看那第三層樓房，多麼漂亮！」

老闆連忙回答：「沒有問題，沒有問題，不要說三層樓，要我們建十多層的房子都沒問題！」

就在朋友家的外面，他們議妥一切之後，便決定開始動工了。

但是，經過了一個月，建商只打好地基，第一層都還沒有開始蓋。這時，商人一看非常生氣，對建商老闆怒斥道：「豈有此理！你們怎麼那麼慢？開工這麼久了，為什麼還不能把房子蓋好？我要你蓋的是三樓，你為什麼偏要從下面開始？」

老闆不解地問：「蓋房子當然從第一層開始啊！先打好地基，然後才能一層一層地往上蓋。」

商人非常生氣地罵道：「胡說！我只要建第三層樓，不要一樓和二樓。你花了我那麼多的冤枉錢，真讓人心痛。你們走吧！我要另外找人來蓋！」

老闆聽見商人如此無理取鬧，怒吼道：「我從來沒見過像你這樣莫名其妙的人，哪有人這麼不講理的，我告訴你，不管你到哪裡去問，肯定沒有人能只蓋『第三層樓』的！」

「什麼地基天基，不要囉嗦了，快滾吧！」

此後，商人找遍了所有建商，當然沒有人有法子凌空建造三樓一層而已。但愚笨的商人卻一點也不懂，還四處責怪人家：「全是些飯桶，那樣美觀實用的第三樓都不會蓋，只想著要蓋第一樓和第二樓，那有什麼用？」

故事的重點在那「第三樓」，那正是所有希望享受生活，卻又不肯多花錢的守財奴心中的「空中花園」。

其實，很多人都是辛辛苦苦地賺進大把鈔票，卻一點也不懂得享受、運用，這是許多守財奴的特點，他們心疼自己辛苦賺來的錢，總是寧願啃著乾饅頭過日子，然後抱著鈔票每天一張張地細數。

我們並不鼓勵奢華，只是想告訴辛苦賺錢的你：「在金錢的世界裡都是『有出才有進』，不必死守錢財，若能適度地運用在生活品質的提升上，接著，你就會看見財源滾滾的新契機。」

財富和人一樣，都要讓它們活在「當下」，才能顯現它們的價值，錢財當用則用，不要總是放在口袋，也不要只想留給後人，因爲你留下的，很多時候都會成爲他們的負擔與麻煩。

處理好心情，才能處理好事情

優秀的人，不會讓情緒控制自己

作家香帕．希爾說：「糟糕的心情，經常會使小事變成大禍，讓自己[illegible]。」確實如此，心情好壞往往決定事情成敗，無論面對任何事情，必須切記先將自己的心情處理妥當以後，再來處理事情，千萬別讓心情影響自己所做的任何判斷或決定，才不會最後後悔不已。

ENCOURAGE YOURSELF

越不被看好，就要**勉勵自己做到最好**

瞧不起你的人，就是你的貴人

凌越——編著

馬丁路德曾經寫道：
最終衡量一個人是否成功，不是看他一帆風順的時候做什麼，
而是看他在艱苦和困難的時刻，是否懂得用坦然的遼闊心態去面對。

每個人都會遭遇失敗挫折，也都有遭人看輕的時候，一味自怨自艾非但於事無補，也會讓你更加讓人瞧不起。
與其抱怨為什麼大家都不看好自己、嘲弄自己，倒不如把噓聲當成鼓勵自己的掌聲，
把這些輕視自己的人當成鞭策自己的貴人，努力活出自己的一片天。

黛恩 編著

改變思考方式，才會有更好的出路

想改寫人生，就要適時改變自己的思考模式

戴爾・卡耐基曾經說道：

「如果自己非常想要做的事情未能成功，不要立刻接受失敗，試試別的方法，因為你的弓不會只有一根弦，只要你願意找到另外的弦。」

人要懂得變通，要懂得能使環境順應自己的心境，改變自己的思考方式。

在快速變化的人生旅途中，或許你的腦袋不時浮現一些自認為非常棒的想法，但是，如果不懂得順應環境，不懂得適時修正自己的思考方式，那麼可能就永遠找不到自己的人生出路。

生活良品

19

你的自信，一定會替你帶來好運

作　　者　江映雪
社　　長　陳維都
藝術總監　黃聖文
編輯總監　王　凌
出 版 者　普天出版家族有限公司
新北市汐止區忠二街 6 巷 15 號
TEL / (02) 26435033 (代表號)
FAX / (02) 26486465
E-mail：asia.books@msa.hinet.net
http://www.popu.com.tw/
郵政劃撥 19091443 陳維都帳戶
總 經 銷　旭昇圖書有限公司
新北市中和區中山路二段 352 號 2F
TEL / (02) 22451480 (代表號)
FAX / (02) 22451479
E-mail：s1686688@ms31.hinet.net
法律顧問　西華律師事務所・黃憲男律師
電腦排版　巨新電腦排版有限公司
印製裝訂　久裕印刷事業有限公司
出 版 日　2020 (民 109) 年 9 月第 1 版
I S B N◉978-986-389-737-8　　條碼 9789863897378

國家圖書館出版品預行編目資料

你的自信，一定會替你帶來好運／
江映雪著.一第 1 版.一：新北市,普天出版
民 109.9 面； 公分. - (生活良品；19)
I S B N◉978-986-389-737-8 (平裝)

普 天 之 下 ・ 盡 是 好 書
普天出版家族
Popular Press Family
凌雲文創
A-Plus Creative Company